こども にほんの でんとう 絵じてん

生活史研究所 監修　三省堂編修所 編

三省堂

はじめに

日本の伝統文化というと、寺院・神社で行われる初詣や七五三などの行事、能・狂言や歌舞伎《かぶき》などの芸能、そして茶の湯や生け花に代表される芸事など、日常生活から離れた何か特別なことを思い浮かべる人が多いかもしれません。俳句・短歌などの伝統文学、陶磁器・漆・染織などの伝統工芸を考える人もいるでしょう。しかし伝統文化を日本列島の中で長い歴史を通して受け継がれてきたという意味で広くとらえるなら、大人も子どももふくめた私たち日本人の日常生活の中にもあたりまえのように見ることができます。

この本では、衣・食・住などの日常生活を中心にして、私たちとなじみの深い日本の生活文化をとりあげて、その実際の形や、やり方を少し詳しく見ることにします。その伝統がどのように作られ、受け継がれてきたのかをふり返ることで、私たちが、その伝統をどのように受け止め、生かしていけばいいのかを考えるきっかけになればと思います。

江戸時代までに形成されてきた日本人の生活は、明治維新による西洋文化の導入で大きく変わりました。衣・食・住という観点で見ると、着物から洋服に変わり、洋食が加わり、畳と板敷きの生活に椅子・テーブルが入ってきました。そして明治・大正・昭和を通して、このような西洋の生活をとりいれた新しい生活様式が日本人の中に受け入れられていきました。

さらに第二次世界大戦後、農村を中心に生活の利便性向上がはかられ、新たに進んだ都市化の流れの中でまちの生活も変わりました。このように形成されてきた生活の伝統がさらに大きく転換するのが、１９６０年代（昭和30年代から40年代）です。工業化と経済の高度成長によって日本全体が変貌し、電気洗濯機や電気冷蔵庫、テレビなど電化製品の普及によって生活も大きく変わり、それまで何とか残されていた江戸時代以来の伝統的な生活習慣の多くが姿を消しました。

日本の伝統を振り返るのに大切な時期は、この転換期である１９６０年代の生活です。今なら、この本で取り上げた様々な伝統を手がかりにして、父親・母親が、祖父・祖母の世代からの話を受け継いで、日本人の生活の伝統を子どもたちに伝えることができます。そのような伝統を正確に理解し、その後の変化の意味を考えることが、伝統を生かしたよりよい生活とは何かを知る重要な手がかりになるのではないでしょうか。

生活史研究所

この絵じてんの特長と使いかた

なかあそび
あめの ひや さむい ひは、いえの なかで あそびます。
けんだま
すごろく
おはじき
おばあちゃん、わたし、おてだまが うまくなったでしょう。おとさないで なんども つづけられるよ。
102

タイトル
そのページで取り上げたテーマを示しています。

リード文
テーマに対して、子どもが感じることや、疑問に思うことをまとめました。

1 子どもに伝えたい日本の伝統文化を、8つにまとめました。

挨拶《あいさつ》や住まいなどの生活様式から、遊びや芸能など、様々な分野について伝統文化を取り上げています。

2 楽しいイラストで伝統学習の入り口としてもぴったりです。

子ども向けの部分は、すべてイラストをメインに構成しています。絵本感覚で読めるので、伝統文化にはじめて触れる幼児も楽しめます。

3 幼児向けに、本文はすべてひらがなで表記しました。

幼児の「読んでみよう」という気持ちに応えられるよう、子ども向けの部分はすべてひらがなで表記しています。

おうちのかたへ

各テーマの内容について、その由来や歴史、現代にどのように伝えられているかなど、大人向けに補足情報をまとめました。

日本の様々な文化の紹介

各分野について、日本各地に見られる郷土の伝統的な文化の一部をイラストとともに紹介しています。

4 「おうちのかたへ」のコーナーで、さらに詳しく解説しています。

各ページのテーマについて、歴史や由来など、大人向けに、さらに詳しい情報を掲載しています。

子どもの興味を広げることばのページ

各分野にかかわる、ことわざや慣用句・表現などをイラストとともに紹介しています。

もくじ

はじめに　生活史研究所 …… 2
この絵じてんの特長と使いかた …… 4

1 にほんの あいさつ …… 9

いちにちの あいさつ …… 10
きもちを つたえる あいさつ …… 12
きせつの あいさつ …… 14
◆ にほんの いろいろな「ありがとう」 …… 16

2 にほんの たべもの …… 17

にほんの しょくじ …… 18
しょくじで つかう どうぐ …… 20
ごはん（こめ） …… 22
みそしる …… 24
だし・しょうゆ …… 26
しゅさい …… 28
ふくさい …… 30
たべものの しゅん …… 32
そば・うどん・そうめん …… 34
ぎょうじの たべもの① …… 36
ぎょうじの たべもの② …… 38
おちゃ・おやつ …… 40
○ にほんの いろいろな りょうり …… 42
◆ たべものから うまれた ことば …… 44

3 にほんの すまいと くらし …… 45

ひとびとが くらす まち …… 46
まちの いえ …… 48
いえの なか …… 50
のうかの いえ …… 52

のうかの いえの なか 54
ふろと トイレ《といれ》 56
なつの くらし 58
ふゆの くらし 60
えんぎもの 62
くらしの なかに いる おばけや ようかい 64
○にほんの いろいろな すまい 66
◆くらしや すまいから うまれた ことば 68

4 にほんの よそおい 69

きものを きる ひ 70
きものの なまえ 72
きものの つかいわけ 74
ぎょうじの きもの① 76
ぎょうじの きもの② 78
ゆかたの きかた 80
きものの れきし 82
いろと もよう 84
ころもがえ 86

○にほんの いろいろな よそおい 88
◆よそおいから うまれた ことば 90

5 にほんの あそび 91

そとあそび① 92
そとあそび② 94
そとあそび③ 96
わらべうた 98
しぜんの おもちゃ 100
なかあそび 102
しょうぎ・いご 104
あやとり 106
おりがみ 108
えかきうた・かげえ 110
てあそびうた 112
しょうがつの あそび 114
なつの あそび 116
○にほんの いろいろな おもちゃ 118
◆ことばを つかった あそび 120

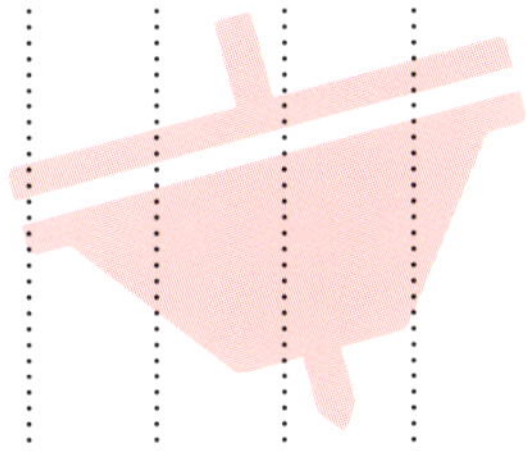

6 にほんの ぎょうじ …… 121

たんじょうの おいわい …… 122
せっく …… 124
せいちょうの おいわい …… 126
けっこんしき …… 128
ながいきの おいわい …… 130
ごせんぞへの おまいり …… 132
しんねんの おいわい …… 134
まつり …… 136
○にほんの いろいろな ぎょうじ …… 138
◆ぎょうじから うまれた ことば …… 140

7 にほんの げいのう …… 141

らくご …… 142
かぶき …… 144
にんぎょうじょうるり（ぶんらく） …… 146
のう・きょうげん …… 148
のうと きょうげんの よそおい …… 150
かぐら・ししまい・にほんぶよう …… 152
にほんの がっき …… 154
○にほんの いろいろな げいのう …… 156
◆げいのうから うまれた ことば …… 158

8 にほんの わざ …… 159

すもう …… 160
じゅうどう・けんどう・きゅうどう …… 162
かどう・ちゃどう（さどう） …… 164
しょどう・にほんが・はいく・たんか …… 166
○にほんの いろいろな ものづくり …… 168

おうちのかたへ …… 170
さくいん …… 174

1 にほんの あいさつ

おおきな こえで あいさつしたら
あさから げんきが でてきたよ。
きょうも いちにち
たのしくなりそう。

いちにちの あいさつ

あさ、ともだちに であったら、
まずは なんて いおうかな？
あいさつが げんきに できると、
とっても きもちが いいね。

おうちのかたへ

私たちは、人とかかわる様々な場面で、挨拶を交わしながら暮らしています。挨拶は、相手に親しみや尊敬の気持ちを表し、お互いが気持ちよく過ごすための重要な役割を果たします。
例えば、朝、親しい友人には「おはよう」、近所の人や先生には「おはようございます」というように使い分けます。

「おはよう」は「お早いですね」から変化しました。「こんにちは」は「今日《こんにち》は、お加減いかがですか」、「こんばんは」は「今晩は、よい晩ですね」などの挨拶の表現が次第に省略されて生まれた言葉です（そのため、「わ」ではなく「は」と書きます）。いずれも、相手を気遣い思いやる気持ちが込められています。

きもちを つたえる あいさつ

おたんじょうびの ともだちに
「おめでとう」って つたえたよ!
うれしそうな かおを みて
ぼくも とっても うれしいな。

おめでとう

おいわいの きもちを
つたえる ことばです。

おめでとう
ありがとう

ありがとう

うれしい ことを
してもらったら
おれいを いいます。

どういたしまして

おれいを いわれた ときの
ていねいな へんじです。

どういたしまして

ごめんなさい

わるい ことを したら
あやまります。

ごめんなさい
いいよ

いただきます・ごちそうさま

しょくじを する とき、たべものを つくって くれた ひとに かんしゃを つたえる あいさつを します。

↓18ページ

おじぎの しかた

あいさつの とき、おじぎを する ことも あります。

めを みます。

ぼうしは ぬぎます。

あたまを さげます。

すわっていたら、たちあがります。

おうちのかたへ

相手への感謝や謝罪の気持ちを伝える挨拶は、日々の生活を円滑にします。「ありがとう」には、「有り難い（めったにない）ことだ」と、貴重な恩恵を受けたことに感謝する気持ちが込められています。「いただきます」には食材・食事をいただくことへの、「ごちそうさま」には馳走《ちそう》（馬を走らせる＝奔走する）してもてなしてくれたことへの感謝の気持ちが込められています。

おじぎ（礼）も、相手への敬意や感謝の気持ちを伝えるものです。道で人とすれ違ったときなどには挨拶の言葉とともに軽く頭を下げます（会釈）。特別に大切な相手に対してや、大きな式や発表会など大切な場面では、深くおじぎをします（最敬礼）。

きせつの あいさつ

「あけまして おめでとう!」
しんねんの あいさつも
おおきな こえで いえたよ!
ことしも いい としに なりそう。

しんねんの あいさつ

↓134ページ

あたらしい としを むかえられた ことを おいわいする あいさつです。

あけまして おめでとう ございます
ことしも よろしく おねがいいたします

はじめて あった ひとへの あいさつ

はじめまして
はじめまして

ひさしぶりに あった ひとへの あいさつ

おひさしぶりです
げんきでしたか

としの おわりの あいさつ

いちねんかん おせわに なった ひとへ、おれいの あいさつを します。

↓135ページ

たいへん おせわに なりました
よい おとしを

ねんがじょう

あたらしい としを
おいわいして おくります。

しょちゅうみまい

なつの あつい ころに
おくります。

ざんしょみまい

なつの おわる ころに
おくります。

たんじょうびなど とくべつな ひ

いつもは いえない
かんしゃの きもちを
つたえる ことも できます。

おうちの かたへ

新年には特別の挨拶をします。遠方の相手には、年賀状などで日頃の無沙汰をわびたり、様子を尋ねたりします。暑中見舞いは、夏の土用の間に訪問したり手紙を出したりして、安否を尋ね励ますものでしたが、現在では主にはがきのやり取りになっています。立秋を過ぎると残暑見舞いにします。

お世話になっている人への季節の挨拶として、贈り物をする風習もあります。夏の中元は、本来、盆の時期を表す言葉で、その頃に贈り物をすることでしたが、今では7月初旬から中旬に行われています。歳暮は年の暮れという意味ですが、その年にお世話になった人への贈り物を表すようになりました。

にほんの　いろいろな「ありがとう」

かんしゃの きもちを あらわす いいかたは
すんでいる ところで ちがうよ。

おーきに
おしょーしな
やまがたけんなど
どーも
ほっかいどうや
とうほくちほうなど
きのどくな
とやまけんなど
おーきに
かんさいちほうなど
ごちそーさま
ぐんまけんなど
だんだん
しまねけんなど
ごちそーさま
わりーっけのー
しずおかけんなど
ちょーじょー
くまもとけんなど
にへーでーびる
おきなわけんなど

2 にほんの たべもの

だいすきな、ごはんに おみそしる、
おさかな、にもの。
きょうも とっても おいしそう！
みんなで いっしょに いただきます。

にほんの しょくじ

おいしそうな いい におい！
ぼくの だいこうぶつは、
おじいちゃんも ちいさい ときから
たべていたんだって。

にほんの しょくじは、 ごはんと しるものに
しゅさいと ふくさいを くみあわせます。

しゅさい
28ページ
ふくさい
30ページ
ふくさい
しるもの
24ページ
ごはん
22ページ
いただきます
13ページ

ごはんは ひだりがわ、
しるものは みぎがわに
ならべます。

おうちのかたへ

日本の食事や食文化を「和食」といいます。和食の特徴である献立の基本は「一汁三菜」。ご飯を基本に汁物、おかず（主菜1品・副菜2品）で構成されています。様々な食材を使うため、バランスのとれた食事として近年見直されています。

和食では食べやすさに考慮して、最も手で持つ時間の長いご飯を左手前、汁物をその右に置きます。器を手に持たずに食べることの多い主菜は、右手の伸ばしやすい右奥に置きます。副菜は、煮物などであれば左奥、小鉢は真ん中に置きます。

主菜の中心となる魚は、1尾なら頭を左、腹を手前にして皿に置きます。切り身の場合は、皮を向こう側に向けて置きます。

しょくじで つかう どうぐ

おはしの もちかた、しっているよ。ちいさい まめを つまむのは まだ ちょっと むずかしいけど、ゆっくり やれば、ほら とれた！

にほんでは、はしを つかって しょくじを します。

はしの もちかた

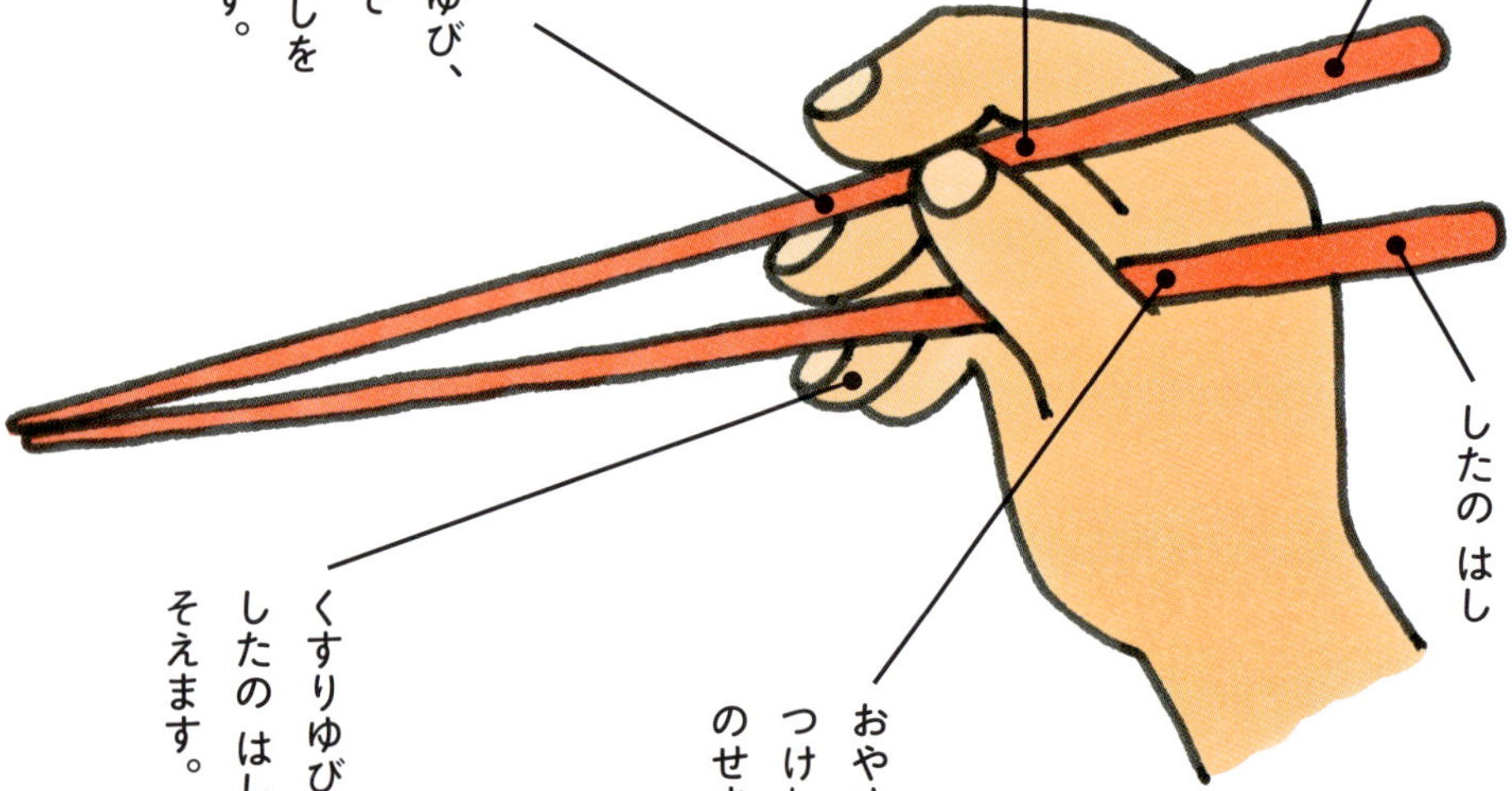
うえの はし
まんなかより すこし うえくらいを もちます。
おやゆび、ひとさしゆび、なかゆびで うえの はしを おさえます。
したの はし
おやゆびの つけねに のせます。
くすりゆびを したの はしに そえます。

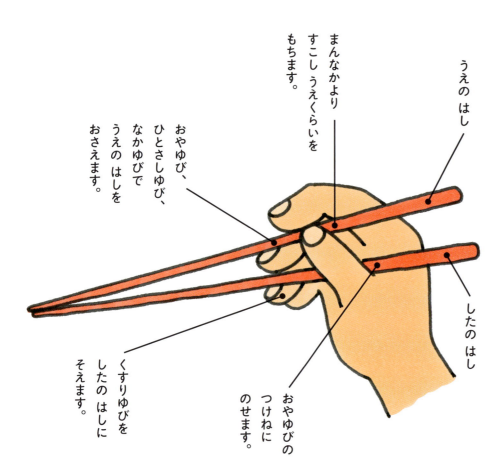

りょうりに よって、もりつける うつわを つかいわけます。

ちゃわん
ごはん

おわん
しるもの

ふかばち
みんなの ぶんの にものや つけものなど

どんぶり
どんぶりものや うどん、そばなど

こばち
おひたしや、すのもの などの ふくさい

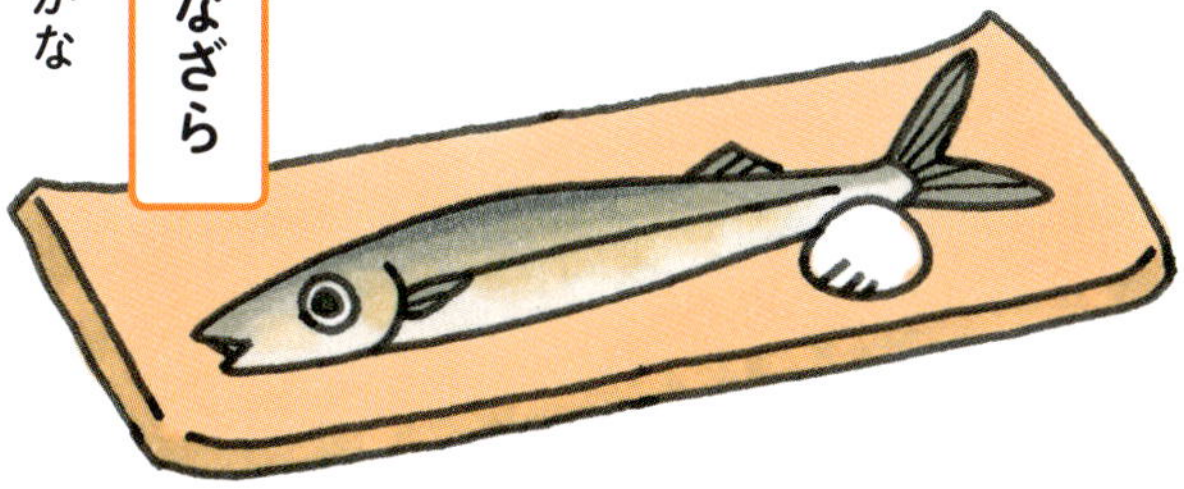

さかなざら
やきざかな

ふかざら
にものなど、しるが ある おかず

ひらざら
しるの ない おかず

こざら
とりわけた ものなど

てしおざら
さしみようの しょうゆなど

おうちの かたへ

箸は、それだけで「はさむ」「運ぶ」「切る」「混ぜる」「すくう」「押さえる」など、様々な働きをします。その役割を十分に生かすには、手の大きさに合った長さのものを選び、正しく持つことが必要です。親指と人差し指を直角に広げ、その指先を結んだ長さの1.5倍が適した箸の長さと一般にいわれています。

料理を盛りつける器には、碗や鉢・丼・平皿や深皿などがあります。また、形や素材も様々な器がつくられており（→169ページ）、料理や季節に合わせて使い分けます。洋食はどの食器も置いたまま食事をしますが、和食では大きな器でなければ、箸を持っていない手で食器を持って食べることが多いです。

ごはん（こめ）

おうちで たべる ごはんも、
えんそくで たべる おにぎりも、
どちらも おいしいね。
ついつい、おかわりしちゃうんだ。

にほんの しょくじの ちゅうしんは ごはんです。
ごはんは どんな おかずにも よく あいます。
こめを たくと、しろくて やわらかい
ごはんに なります。

イネ《いね》と いう
しょくぶつの
たねが
こめです。

こめから つくる ものは
たくさん あります。

せんべい・あられ

↓41ページ

おかゆ

さけ

もち

↓41ページ

こめは、ずっと むかしから にほんで つくられて います。 いまは きかいが つかわれて いますが、 むかしは ひとや どうぶつの ちからで すべて おこなわれて いました。

おうちのかたへ

和食の主食は、炊いた米です。ふだん食べているのはうるち米で、餅や赤飯などのおこわは、粘り気の強いもち米でつくります。イネの種子（もみ）の殻を取り除いたものが玄米で、さらに、そこからぬかや胚芽《はいが》を削ったものが白米です。昔は玄米や麦、粟《あわ》・ひえ・きびなどの雑穀を主に食べていました。

イネは主に水田で、多くの工程を経て育てられます。春から初夏に、苗代《なわしろ》にもみ種をまき苗を育て、あらかじめ水を張ってかきならしておいた水田に苗を移し植えます。夏の間は水の管理や除草、施肥などを行い、秋に実った稲を刈って乾燥させます。水田でなく、畑で栽培するイネのことは陸稲《おかぼ》といいます。

みそしる

きょうは、ねぎと
きのこと とうふの おみそしる。
いろんな ぐが あるから
いつも たのしみなんだ。

みそしるは、だし(↓26ページ)に みそで
あじつけを します。
ぐには、きせつの やさいや、
とうふ、かいそうなどを
いれます。

とうふ
わかめ

こまつな
あぶらあげ

みつば
なめこ

じゃがいも
たまねぎ

ねぎ
しじみ

いろいろな みそ

こめみそ

だいずと
こめで つくります。

むぎみそ

だいずと
むぎで つくります。

まめみそ

だいずだけで
つくります。

あわせみそ

しゅるいの
ちがう
みそを あわせます。

こめみそが できるまで

だいずを あらって みずに つけておきます。
だいずを にます。
だいずを つぶします。
こめこうじ、みず、しおと あわせて まぜます。
しお
こめこうじ
みず
たるに つめて、くうきを ぬきます。
おもしを のせて おいておくと……
できあがり。

おうちの かたへ

和食の献立に欠かせない汁物。みそで味をつける「みそ汁」はその代表です。ほかに塩やしょうゆで味つけする「すまし汁」、魚介から出た旨味《うまみ》に塩味を加える「潮汁《うしおじる》」などがあります。

みそは、大豆に米や麦、塩を加え発酵させてつくった日本の伝統的な調味料です。原料によって、大きく米みそ・麦みそ・豆みそ・合わせみその四つに分けられます。一般に多く使われているのは米みそです。また、味を基準にして、甘い順に甘みそ・甘口みそ・辛口みそに分けられ、色によって赤みそ・淡色みそ・白みそに分けられます。各地方の風土に合わせ、様々な風味のみそがつくられています。

だし・しょうゆ

おばあちゃんの おすいものは やさしくって ほっとする あじ。
だしが おいしさの ひみつなんだって。

にほんの りょうりには、だしが よく つかわれます。

だしの とりかた
～いちばんだし～

みずに こんぶを つけておきます。

ひに かけて すこし したら こんぶを とって ひを とめます。

かつおぶしを いれます。

こして、かつおぶしも とりのぞきます。

おいしい だしの できあがりです。

だしには こんぶや かつおぶしの ほか、にぼし、しいたけなども よく つかわれます。

だしを つかった りょうり

しょうゆは、だいずから つくられています。
りょうりの あじつけに つかったり、
ちょくせつ かけたり つけたり します。

かける
ひややっこ

つける
さしみ

せんべい

あじつけに つかう
さかなの につけ

しょうゆの しゅるい

こいくちしょうゆ

にほんで
いちばん
つかわれています。

うすくちしょうゆ

いろが
うすい
しょうゆです。

たまりしょうゆ

さしみや
すしに
よく つかう、
とろりと した
しょうゆです。

おうちの かたへ

だしは、和食の繊細な味つけの基本になるものです。かつお節、昆布、煮干し、干ししいたけなどからとっただし汁には、材料の旨味《うまみ》がたっぷり含まれ、その香りも食欲をそそります。旨味は、甘味《かんみ》・塩味・酸味・苦味などの味に加わる基本味として、注目されています。

しょうゆは、みそと並ぶ日本の伝統的な調味料のひとつ。大豆・小麦・塩を発酵させてつくります。色や原料の違いにより、濃口・薄口・溜《たまり》・白・再仕込みの5種類に分けられています。「薄口」は色が薄いという意味で、味の薄さを示すものではありません。魚や野菜など、素材の色を生かす料理に使われます。

しゅさい

おいしい にざかなは、
しろい ごはんに ぴったりだね。
きょうも たくさん
ごはんが たべられそう。

にくや さかななどを
つかった りょうりです。

やきざかな

にざかな

にくじゃが

5つの りょうりほう

にほんの りょうりは おもに
5つの ほうほうで つくられます。

なま（きる）

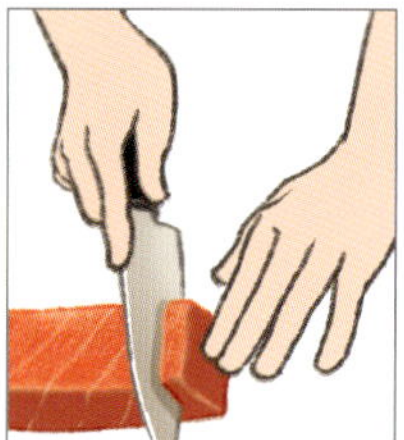

にる

やく

むす

あげる

おうちのかたへ

主菜は献立の中心となるおかずで、たんぱく質を多く含む肉や魚、卵を主として使った料理です。和食の主菜には魚を使った料理が多くあります。今のような流通網・冷凍技術がなかった時代も、腐りやすい魚を塩漬けやみそ漬け、干物などに加工して保存しながら食べました。それは伝統的な味として定着し、日本各地に伝わっています。

和食の基本的な五つの調理方法は「五法」といわれ、同じ食材でも調理法によって違った味わいが生まれます。刺身など、食材のおいしさを「生」のまま生かすのは、和食特有の調理法といえます。

がいこくでも しられている にほんの りょうり

ふくさい

しゅさい(↓28ページ)の ほかに、そえて だす りょうりです。
いろいろな みためと あじが たのしめます。

おひたし

すのもの

ひじきの
にもの

いんげんの
ごまあえ

にまめ

さといもの にっころがし

いりどり(ちくぜんに)

ふろふきだいこん

きんぴらごぼう

おとうさんが、いろんな たべものを
たべると いいって いっていたよ。
いりどりの なかには、いくつの
たべものが はいって いるのかな？

にほんの どくとくの たべもの

つけもの

やさいを
しおなどに
つけると、
くさりにくく
なります。

のり

かいそうを
かみのように
うすく のばして
かわかします。

なっとう・とうふ

どちらも まめから つくられています。

なっとうは
まめを
はっこうさせた
ものです。

とうふは
まめの しぼりじるを
かためた ものです。

うめぼし

うめの みを
しおに つけて、
ほしたものです。

こんにゃく

すった
こんにゃくいもを、
ねって かためた
ものです。

おうちのかたへ

副菜には、主菜の栄養を補うように、ビタミン・ミネラル・食物繊維が豊富な野菜や海藻・豆類・きのこ類などを使った料理が多く並びます。

保存食は、新鮮な野菜を入手しにくい冬場に備えて漬け物にしたり、天日に干して乾物にしたりすることで、一年を通して作物を食べられるようにする工夫から生まれました。塩やぬか、みそなどに野菜を漬け込む漬け物、納豆などの発酵食品は保存期間が長くなるだけでなく、食材のもつ風味や栄養価が増すものもあります。のり・切り干し大根・高野豆腐などの伝統的な乾物も、生の状態より香りや旨味《うまみ》が凝縮されます。

たべものの しゅん

「りんごは いまが しゅん！」
やおやの おじさんが いっていたよ。
「しゅん」って なんだろう？
ほかにも しゅんは あるのかな？

はる
いちご
じゃがいも
そらまめ
さやえんどう
にしん
あさり
さんさい
たけのこ
たい
さわら
なつ
もも
すいか
えだまめ
きゅうり
なす
とうもろこし
あじ
かぼちゃ
あなご
あゆ

おうちのかたへ

日本には四季があり、季節によって海や山の様々な食材を得ることができます。流通や保存の方法が発達する前の時代は、その季節にとれた食材を食べることが基本でした。

食材は、時期によって特に味がよくなり、栄養価が高まることもあります。その時期が「旬」です。旬の食材を使った献立で季節を感じることも、和食の特徴のひとつです。

ここでは季節ごとに代表的な旬の食材を挙げていますが、地域によって気候に差があるため、旬の時期にも違いがあります。最近では、温室栽培や輸入が増え、一年中変わらない食材が店頭に並ぶようになっています。

ふゆ
ながねぎ
ながいも
みかん
りんご
かぶ
ほうれんそう
かに
はくさい
だいこん
ぶり
たら
あき
くり
ぶどう
さといも
しめじ
なし
さけ
ごぼう
れんこん
さつまいも
いわし
さんま

そば・うどん・そうめん

つるつる なが～い そば。
ズルッ《ずるっ》と おとを たてて たべるのが、
にほんふうなんだって。
ぼくも じょうずに たべられるよ。

そばや うどんなどの
めんるいは、
だし(→26ページ)を つかった
つゆで たべます。

そば

そばは、
ソバ《そば》と いう しょくぶつの
みから つくります。

うどん

うどんや そうめんは
こむぎこから
つくります。

そうめん

にほんには とくべつな めんを たべる ちいきが あります。

わんこそば

ほうとう

れいめん

ちゃんぽん

おきなわそば

ラーメン《らーめん》

ちゅうごくふうの めんに スープ《すーぷ》を かけた たべものです。ちゅうごくにも ラーメン《らーめん》が ありますが、にほんの ラーメン《らーめん》とは すこし ちがいます。

おうちのかたへ

米以外に主食として食べられてきたのが、そば、うどん、そうめんなどの麺類です。そばはもともと、そば粉に熱湯を入れてかき混ぜて食べる「そばがき」などの形が中心でした。江戸時代に今のような細長い形になり、屋台で売られ、当時のファストフードとして流行したといわれます。うどんは小麦粉をこね、太めに切った麺、そうめんはやはり小麦粉を材料に、こねた生地を引っ張って細くのばし乾燥させたものです。

日本人は昔から麺類を好んだと考えられ、東日本ではそば、西日本ではうどんが多く食べられてきました。ラーメンなども加わって、地域ごとに特色のある麺料理が生まれています。

ぎょうじの たべもの ①

おせちの なかの、くりきんとん。いつも たのしみなんだ。どうして おしょうがつに くりきんとんを たべるのかな？

しょうがつ（→134ページ）には、あたらしい いちねんの しあわせを いのって、おせちや ぞうにを たべます。

ぞうに

ちいきに よって、あじや ぐが ちがいます。

おせちりょうり

それぞれの りょうりに ねがいが こめられています。

だてまき

まきものの かたち。べんきょうが よく できますように。

くろまめ

げんき（まめ）に はたらけますように。

こぶまき

よろ「こぶ」。けんこうで ながいき できますように。

たづくり

さくもつが よく とれますように。

えび

えびのように こしが まがるまで ながいきが できますように。

くりきんとん

ゆたかな いちねんに なりますように。

しょうがつなのかには ななくさがゆを（→124ページ） たべます。

きせつごとの ぎょうじに たべる たべものや とくべつな りょうりが あります。

せつぶん

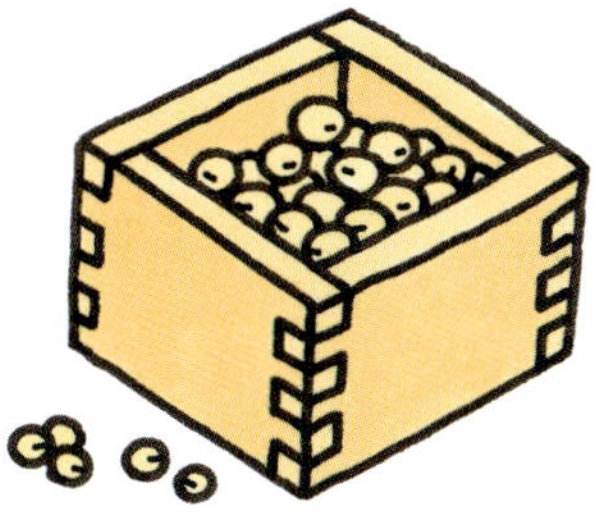

まめ

としの かずだけ たべます。

もものせっく（ひなまつり）

→124ページ

ひしもち

ひなあられ

ちらしずし

はまぐりの おすいもの

たんごのせっく（こどものひ）

→125ページ

ちまき

かしわもち

おうちのかたへ

行事やお祝いの日に食べる料理を行事食といいます。おせち料理や雑煮《ぞうに》はその代表的なもの。「人日《じんじつ》の節供」とされる1月7日には、無病息災を祈り、セリ・ナズナ・ゴギョウ・ハコベラ・ホトケノザ・スズナ・スズシロが入ったおかゆを食べます。桃の節供には、縁起のいい具材をのせたちらし寿司などを食べます。ひし餅のピンクには悪い病気の予防、白は清らかさ、緑には厄除《やくよ》けの意味が込められています。端午《たんご》の節供に食べる柏《かしわ》餅には、新芽が出るまで古い葉が落ちない柏の姿から子孫繁栄の祈りが込められ、ちまきには厄除けの意味があるとされています。行事食は地域によっても様々な違いがあります。

ぎょうじの たべもの ②

しちごさんの おいわいで、きれいな ふくろに はいった ながい あめを もらったよ。「ちとせあめ」って いうんだって。

ひがん

おはぎ

じゅうごや

だんご

しちごさん

126ページ

ちとせあめ

とうじ

かぼちゃ

おおみそか

135ページ

としこしそば

べんとう

でかけた ところで たべられるように、ごはんや おかずを はこに つめた ものが べんとうです。

むかしは、おにぎりと つけものなどを、たけの かわに つつんで もちはこびました。

おうちの かたへ

秋の彼岸《ひがん》に食べるおはぎ。春の彼岸に食べるものはぼた餅ともいいますが、これは同じもの。この二つの呼び方は、それぞれの季節に咲くボタンとハギに由来するといわれています。十五夜には収穫に感謝し、団子や里芋を月に供えたり食べたりします。七五三の千歳飴《ちとせあめ》は、長寿を願う長い飴の祝い菓子です。

冬至《とうじ》には、風邪予防の効果があるとされるかぼちゃを、大晦日《おおみそか》には長寿や幸福を願い、そばを食べます。

弁当は、干したご飯を携帯したのが始まり。おにぎりを包んだ竹の皮には殺菌効果があり、腐敗を防ぐ働きがありました。江戸時代には容器に詰める形が広がったとされます。

おちゃ・おやつ

ふう、ふう、ごくん。
おちゃは ちょっと にがいけど、
すっきりして おいしいね。
ごはんにも おやつにも ぴったり。

おちゃは、チャ《ちゃ》と いう しょくぶつの はから つくります。しょくじの ときや、ひとやすみする とき、にほんでは かかせない のみものです。

おちゃは、きゅうすを つかって いれます。ゆのみで のみます。

おちゃの しゅるい

せんちゃ（りょくちゃ）

わかい チャ《ちゃ》の はで いれる おちゃ。よく のまれて います。

ほうじちゃ

おそい じきに つんだ チャ《ちゃ》の はを いった もので いれる おちゃです。

まっちゃ

→165ページ

おちゃを こまかく すりつぶした ものから つくる おちゃ。ちゃせんと いう どうぐを つかって、おちゃの こなと おゆを よく かきまぜます。

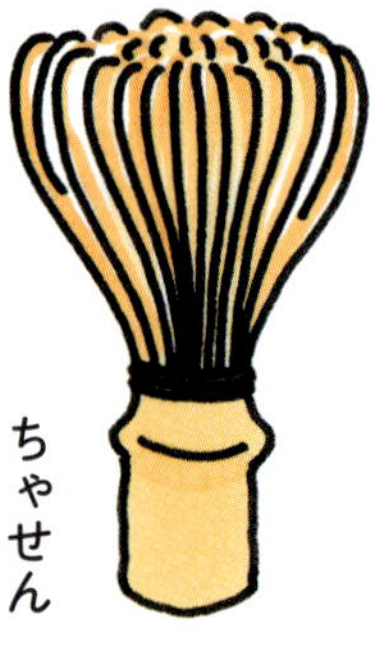

にほんの おやつには、こめ（↓22ページ）や まめで つくった おかしが よく だされます。

こめで できた おかし
せんべい
もち
だんご

まめで できた おかし
ようかん
あんこ
さとうで できた おかし
こんぺいとう
あめ

いろや かたちが きれいな わがし。きせつに あわせて、しぜんの ものに にせて つくる ことも あります。

さくらの いろの おかし
かきの みの すがたの おかし
きんぎょが およいで いるような おかし
くりの すがたの おかし

おうちの かたへ

日本の食卓に欠かせないお茶は、奈良～平安時代に中国から伝わり、とても貴重な物でした。安土桃山時代に千利休《せんのりきゅう》によって茶道《ちゃどう》（↓165ページ）がまとめられ、お茶の文化が広がりました。江戸時代になると、一般庶民の間にもお茶の文化が浸透し、現在では、煎茶《せんちゃ》などの葉を煎《い》ったほうじ茶、煎った米を煎茶に入れた玄米茶など、様々なお茶が飲まれています。

八つ時《やつどき》（今の午後2時頃）に軽食を食べたのがおやつのはじまり。昔は砂糖が貴重だったため、穀物や芋類からつくる自然な甘さのお菓子が中心でした。現在の和菓子は、茶道とともに上流階級で発達した京菓子がもとになっているといわれます。

にほんの いろいろな りょうり

おばあちゃんの いえで しらない りょうりが でてきたよ。いろんな たべものが あるんだね。

いかなごの くぎに

いかなごと いう ちいさな さかなを、しょうゆや さとうで あまからく にたもの。

（兵庫県）

ゴーヤ《ごーや》ちゃんぷるー

ゴーヤ《ごーや》（にがうり）を にくや とうふ、たまごと いためます。

（沖縄県）

いもに

さといもと にく、やさいを いれた なべりょうり。そとで つくって、みんなで たべます。

（山形県）

さわちりょうり

さしみや にもの、デザート《でざーと》まで、さわちと よばれる おおざらに もりあわせ ます。

（高知県）

おやき

のざわなの つけものや あんこなどを、こむぎこと そばこを まぜた かわで つつんだもの。

（長野県）

しっぽくりょうり

おおざらに よそった りょうりを まるい テーブル《てーぶる》に ならべて みんなで たべます。

（長崎県）

きりたんぽ

つぶした ごはんを くしに まいて やいた もの。きのこや やさいと なべに して たべます。

（秋田県）

しょうじんりょうり

にくや さかなを つかわずに、やさいや まめ、かいそうなどで つくる りょうり。

はらこめし

「はらこ」とは、イクラ《いくら》の こと。さけの みと イクラ《いくら》を ごはんに のせます。

（宮崎県）

ジンギスカン《じんぎすかん》

とくべつな かたちを した なべで、ひつじの にくと やさいを やいて たべます。

（北海道）

ふくりょうり

「ふく」とは、フグ《ふぐ》の こと。フグ《ふぐ》を さしみや なべに して たべます。

（山口県）

すっぽんりょうり

カメ《かめ》の なかまの スッポン《すっぽん》を なべなどに して たべます。

（大分県など）

ふなずし

なまの フナ《ふな》を しおと ごはんで しばらく つけて、はっこうさせます。

（滋賀県）

のっぺじる

さといもや とりにく、こんにゃく、にんじんなどを にた しるもの。

（新潟県）

めはりずし

たかなの つけもので つつんだ おおきな おにぎりです。

（和歌山県）

おうちのかたへ

郷土料理には、その土地の特色がよく反映されています。おやきや、きりたんぽ、めはり寿司は山仕事などの携帯食でした。卓袱料理《しっぽくりょうり》は、鎖国時代に唯一海外との貿易を許されていた長崎で、中国やオランダの料理を日本風にアレンジして生まれたといわれます。上座下座のない円卓を囲み、大皿から取り分けるスタイルは当時の日本にとっては新しいものでした。

精進料理《しょうじんりょうり》は、特定の地域と結びつくものではなく、葬式や法事などの仏事の際などに食べられるものです。

たべものから うまれた ことば

にほんで むかしから たべられている たべものが もとに なって うまれた ことばが あるよ。

えに かいた もち

じっさいには やくに たたない かんがえ。

たなから ぼたもち

なにも していないのに、うれしい ことが おきる たとえ。

たな
↓51ページ

てまえみそ

じぶんの した ことを じぶんで ほめること。

おいしいでしょう。
わたしが
つくりました

はなより だんご

うつくしい ものを ながめるより、じっさいに やくだつ ものを えらぶ ことの たとえ。

へそが ちゃを わかす

わらわずに いられないほど、おかしくて たまらない こと。

ももくり さんねん かき はちねん

よい けっかが でるまでには、なんでも ながい じかんが かかると いう ことの たとえ。

3 にほんの すまいと くらし

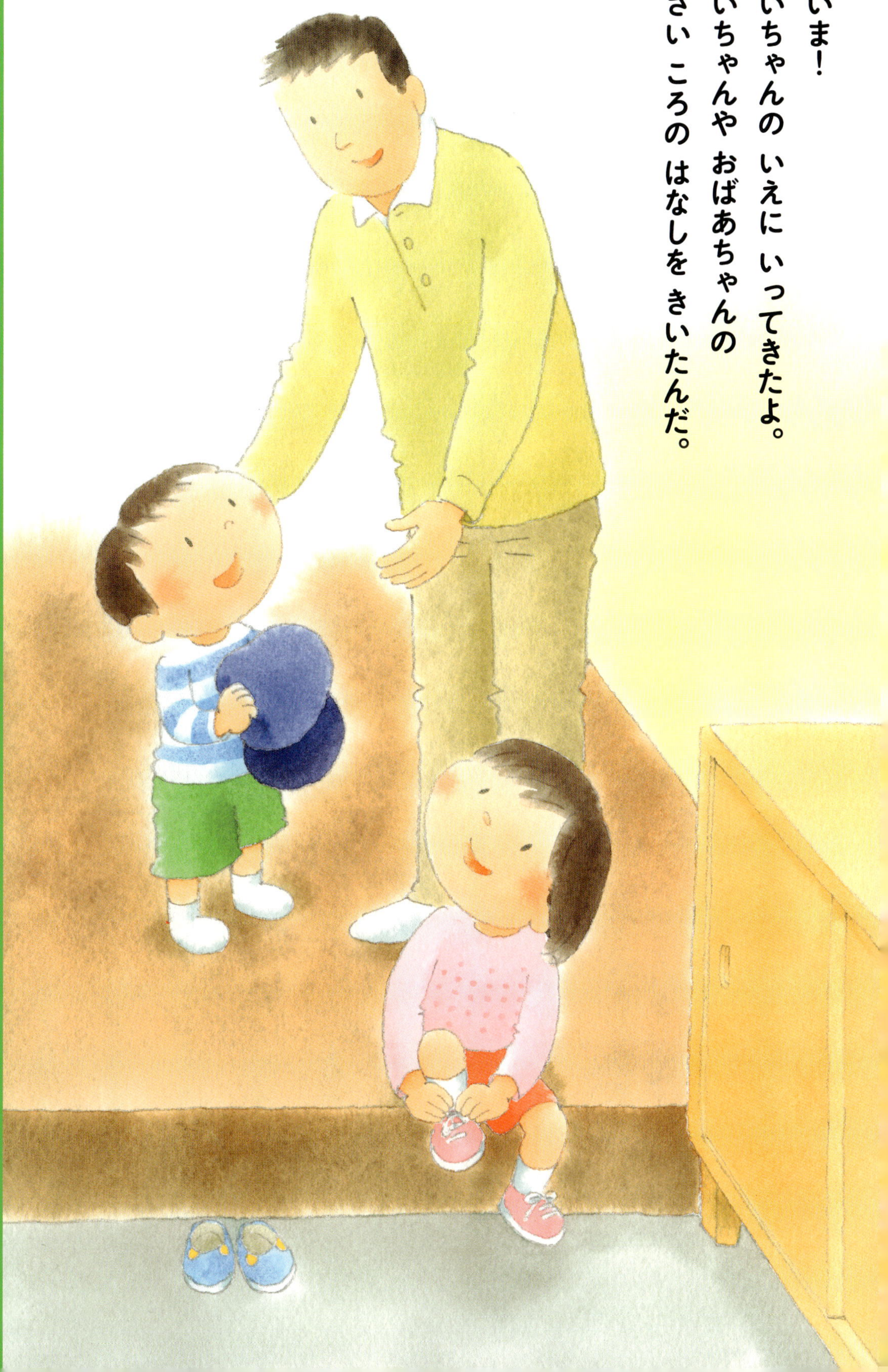

ただいま！
おじいちゃんの いえに いってきたよ。
おじいちゃんや おばあちゃんの
ちいさい ころの はなしを きいたんだ。

ひとびとが くらす まち

おばあちゃんが こどもの ころは
スーパー《すーぱー》や コンビニ《こんびに》は
なかったって いっていたよ。
どこで かいものを したのかな？

まちの なかでは、
みんなが きもちよく
くらせるように
おたがいに
こえを かけあいながら
せいかつを しています。

おうちのかたへ

昭和30年代の商店街の様子を取り上げています。家庭用の電気冷蔵庫が普及し始めた頃です。この頃、町には大きなスーパーはなく、小さな用品店や専門店などがあるだけでした。買い物をするときは、そういった店をひとつひとつ回ります。買った物は新聞紙や竹の皮などに包んでもらい、かごに入れて持ち帰ります。また、町で売り歩く豆腐屋や氷冷蔵庫の氷を届ける氷屋、薬売りなどの行商、米屋や酒屋など家まで注文を聞きに来る御用聞きなどが生活に根付いていました。

都市部では風呂のある家は少なく、銭湯などに行きました（→56ページ）。タバコ屋では切手や印紙なども売っていました。

まちの いえ

おじいちゃんの いえは、
まちの なかに あったんだって。
どんな いえで くらしていたのか
みてみたいな。

げんかんで くつを ぬいで へやに はいります。
かぞくが いつも すごしているのは ちゃのまです。
ちゃのまには、ちゃぶだいが あります。

せんたくば
だいどころ
ちゃのま
ふすま
トイレ《といれ》
しょうじ
げんかん
しきい

おうちのかたへ

第二次世界大戦の後、都市近郊では急激に人口が増加していきました。会社勤めをして給料で生活する人が増え、郊外にはこのページの絵のような平屋建ての細長い家が、板塀で仕切られ、たくさん立ち並びました。

家の構造は武家屋敷（→66ページ）の流れをくみ、正面に玄関を設けました。風呂のない家が多く、銭湯などに行きます（→56ページ）。この頃には、洋間をつくる家もありました。

家族が主に生活するのは茶の間です。食事のときはちゃぶ台を出し、就寝時は脚をたたんで立てかけ、布団を敷きます。庭に面する縁側は、近隣の人との交流の場でもありました。

いえの なか

だいどころ
いたのま
れいぞうこ
テレビ《てれび》
ざぶとん
ちゃぶだい
たたみ

むかしは いつも、たたみが しかれた
へやで すごしていたんだね。
いすや テーブル《てーぶる》は
つかわなかったんだ。

ちゃのまは、かぞくが しょくじを したり、ねむったりする へやです。ちゃぶだいを だしたり ふとんを しいたりして せいかつします。

おうちのかたへ

部屋と部屋は戸で仕切られています。冠婚葬祭なども家で行っていたため、その際は複数の部屋の間の戸を外しました。ちゃぶ台が広まるまでは、それぞれが一人用のお膳で食事をしていました。家族でひとつのテーブルを囲んで食事をするというスタイルは、ちゃぶ台の登場とともに定着したものです。

電気・ガス・水道は貴重でした。米は毎日は炊かず、一度にたくさん炊いて飯びつなどで保存しました。この絵の冷蔵庫は木製で、上段に氷を入れて下段の食品を冷やす物ですが、電気冷蔵庫も普及しつつありました。テレビは昭和35年にカラー放送が始まります。電気洗濯機もこの頃から実用化されました。

のうかの いえ

のうかの いえには
おおきな はしらが あるんだね。
おふろも あるみたいだけど、
いえの そとに ついているね。

ふろ
トイレ《といれ》
ポンプ《ぽんぷ》いど
ながしだい
いど
いたのま
いろり
だいこくばしら
しきい
かまど
どま
いりぐち

ひろい どまや
いたのまに なった
いろりの ある
へやが あります。
へやと へやは とで
しきられ、ぎょうじの
ときには あけて
おおきな へやとして
つかわれました。

おうちのかたへ

農村の家の多くは、茅葺《かやぶ》き屋根の平屋でした。煮炊きは土間で行い、土間のすぐ横には囲炉裏《いろり》のある板の間が続きます。家族は板の間とそれに面した部屋を寝食に使い、ほかの部屋は、特別な客が来たときや、冠婚葬祭の際に使用しました。ふだん使う部屋と特別な部屋との境目には大黒柱があります。

家族が使うトイレと風呂は家屋の外に別に造られました。風呂は薪《まき》を使って沸かす五右衛門風呂《ごえもんぶろ》です（→56ページ）。敷地内には農作業のための納屋や、家畜小屋などもありました。

かまどを守るのは女性の仕事、井戸の水をくんだり、風呂をたいたりするのは、多く子どもの仕事とされました。

おしいれ
とこのま
トイレ《といれ》
ふすま
いたど
たたみ
かやぶきやね
えんがわ
にわ

のうかの いえの なか

ながしだい
どま
どまでは はきものは はいたままです。
みずがめ
しちりん
かまど

ひろい だいどころは、どんなふうに つかっていたの？
みんなで どこで ごはんを たべたのかな？

かぞくは いろりの まわりで しょくじを します。どまでは、かまどや しちりんを つかって、しょくじの したくを します。

おうちのかたへ

食事をつくる際、かまどと七輪、囲炉裏《いろり》を使いました。かまどの火の管理には低くかがまなくてはならず、構造上、煙がこもってしまうものでした。のちに、煙が屋内に排出されない、たき口の少し高いものが広がりました（→52ページ）。

上水道が整うまで、炊事に使う水は、井戸の水をくんで水がめに入れておいたり、井戸から直接引いたりしていました。

囲炉裏の周りでは、ござや、むしろを敷いて座りました。家の形や地域の風習によって、座る位置の決まりがあります。

土間は庭の延長のような場所として、農機具の収納に使われたり、縄やわらじを編むなどの作業が行われたりもしました。

ふろと トイレ《といれ》

むかしは せんとうに よく
いったんだって。
ぼくも たまに つれていって
もらうけど、 だいすきだよ。

ふろ

にほんの ひとは ふろが だいすきです。
ゆに つかって からだを あたためたり、
あせを ながしたり します。

まちでは、
せんとうや
おんせんの
おおきな ふろに
はいる ことも
あります。

トイレ《といれ》

トイレ《といれ》は、おとこのひとの ための たって つかう ものと、しゃがんで つかう ものが あります。

おとこのひとが たって つかいます。
しゃがんで つかいます。

おうちのかたへ

ガスが普及するまでは、筒状の釜がついた鉄砲風呂か、かまどに浴槽をのせた五右衛門風呂《ごえもんぶろ》に薪《まき》で湯を沸かしていました。五右衛門風呂は底が熱くなるため、沈めた板の上にのって湯につかります。川や井戸から水を運び、薪で火をたき管理することは、毎日入浴する習慣がなかったとはいえ重労働でした。都市部の家では風呂を設けず、近くの銭湯などに行きました。

トイレは、下水道や浄化槽が整備されるまでくみ取り式でした。糞尿《ふんにょう》を田畑の肥料として使うこともありました。拭く紙はロール状でなく、四角い紙が置かれていました。手を洗うときは、天井や軒下からつった手水《ちょうず》の水を使いました。

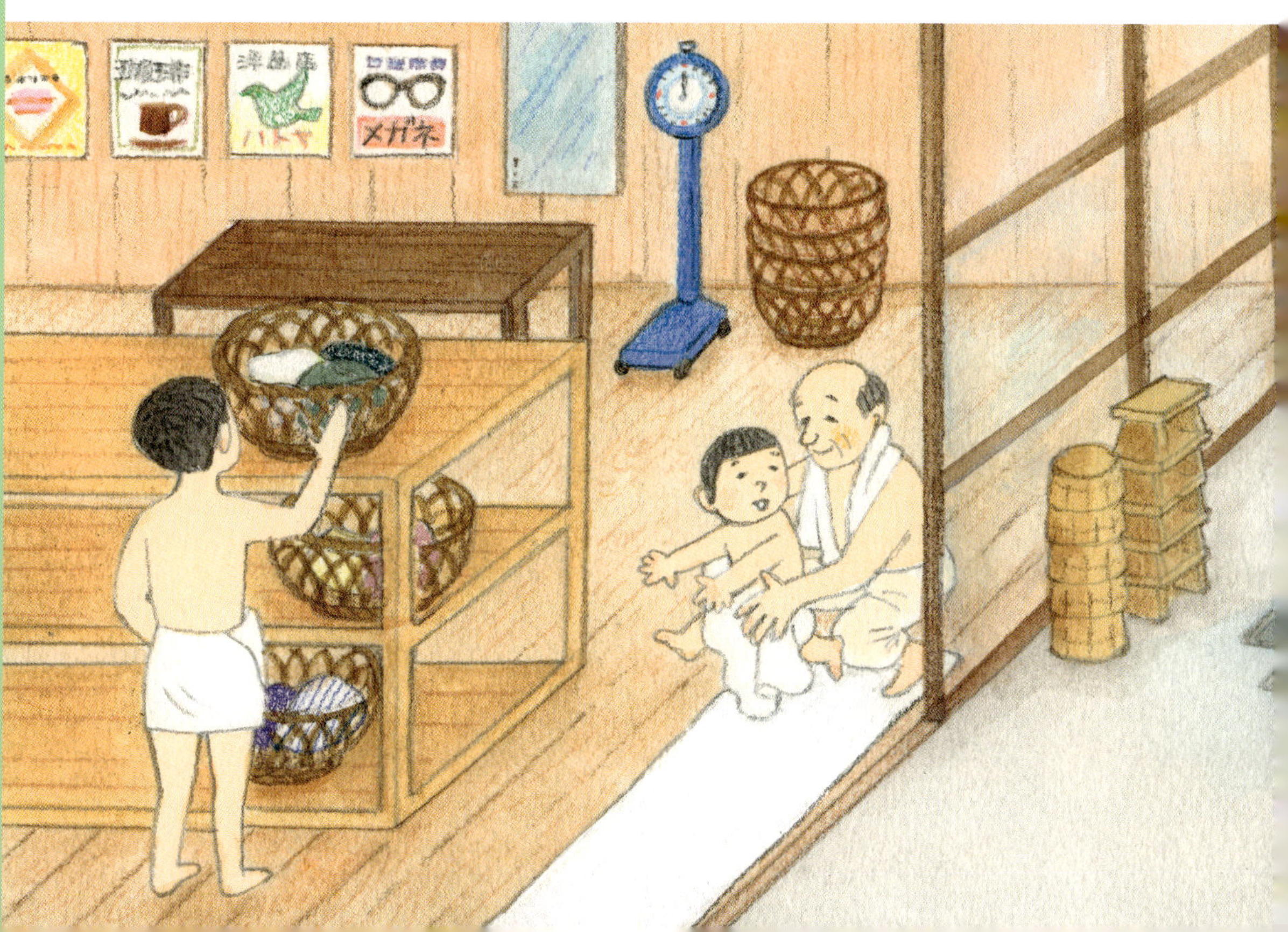

なつの くらし

クーラー《くーらー》や せんぷうきが
なかった ころは、
なつは どうやって
すずしくして いたの？

なつの あつい ひには、
すずしく すごす ために
いろいろな くふうを します。

よる ねる ときには、かやを はって、カ《か》に さされないように します。

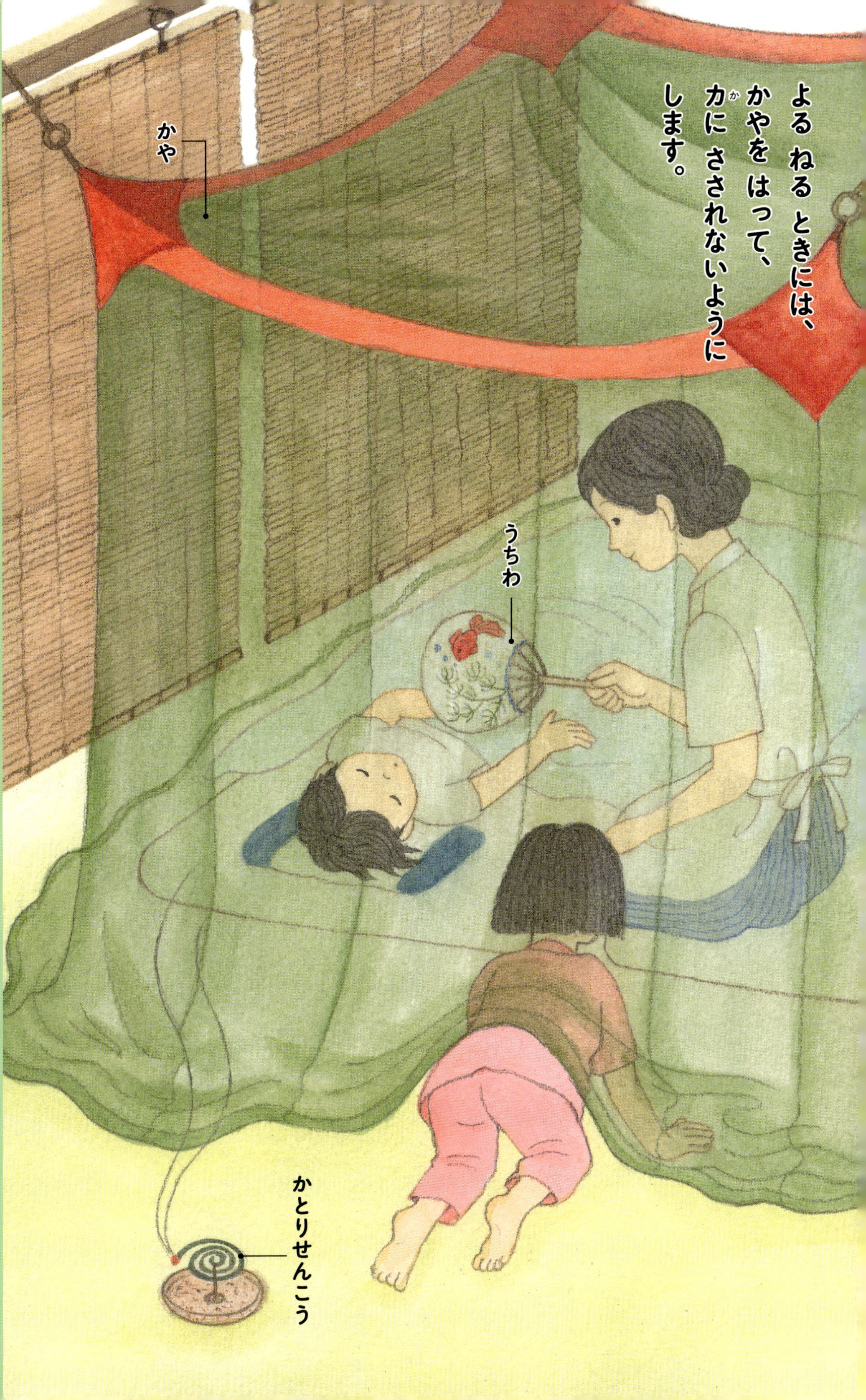

おうちのかたへ

昭和30年代には電気扇風機が普及し始めていましたが、電気を夜通し使うような生活でなかった時代、様々な工夫をして、湿度の高い日本の夏を過ごしていました。

　すだれやよしずで直射日光を遮り、窓を大きく開けて風を入れます。朝や夕方には、地面や庭木に打ち水や水まきをしました。水にぬれた木々の間からは、冷えた空気が吹き抜けます。日中は、足を水につけたり、子どもを行水《ぎょうずい》させたりしました。

　寝るときは、寝ござを敷くなど、暑さがこもらないような工夫をしていました。窓を開けたままなので、虫が入らないように蚊帳《かや》を張り、蚊取り線香をたいて寝ました。

ふゆの くらし

おばあちゃんの いえに ある
こたつは ぼくの おきにいり。
むかしも こんなふうに
こたつを つかっていたのかな?

さむい きせつには
ひばちや こたつを
つかいます。

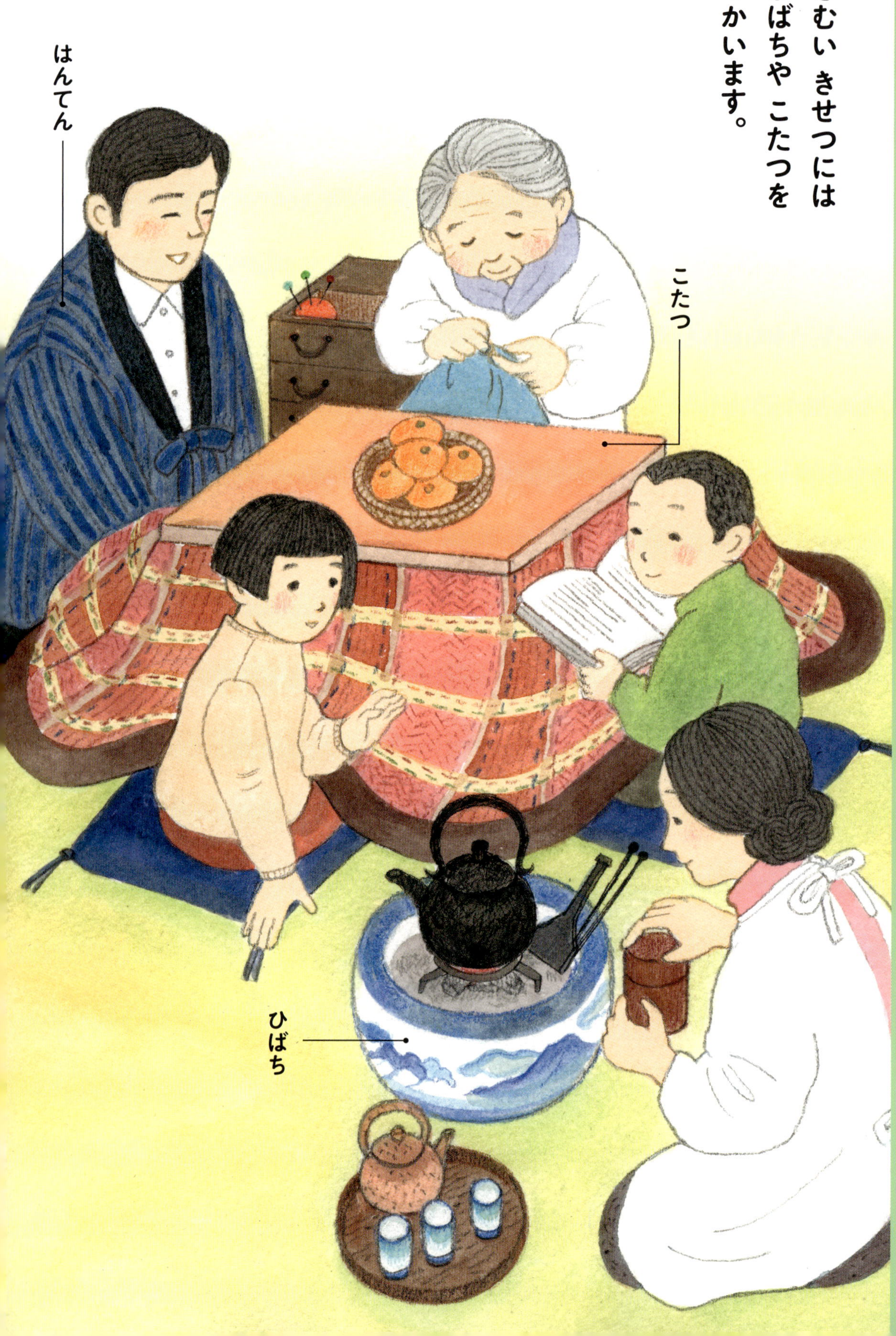

ふゆの よるは、
ふとんの なかを
あんかや ゆたんぽで
あたためて おきます。

ゆたんぽ
なかに あつい
おゆを いれて、
ぬので つつんだり、
ふくろに いれたりして
つかいます。
あんか
なかに
ひの ついた すみを
いれて つかいます。

おうちのかたへ

冬は、囲炉裏《いろり》やこたつ、火鉢で体を温めます。部屋全体は暖まらないため、それぞれで半纏《はんてん》を羽織るなどします。

こたつは、床を掘り下げたところに炭を入れて火をつけ、その上に木の枠を置き布団をかける、掘りごたつになっています。使っているうちに燃料が燃え尽きないように、時折、布団の中に潜り、炭をくべて使います。火鉢は、火をおこした炭を入れ、五徳《ごとく》に鉄瓶《てつびん》を置いて湯を沸かすなどしました。

寝る前は、布団に行火《あんか》を入れて温めておいたり、湯たんぽを用意したりしました。かい巻きという大きな半纏《はんてん》のような形の、首回りから風が入らない布団で寝ることもありました。

えんぎもの

てを あげた ねこの おきものは
まねきねこって いうんだよ。
むかしから おみせやさんで
かざっていたんだって。

しあわせを はこび、
わるい ものから まもってくれると
しんじられている かざりが あります。
いろいろな いのりを こめて
えや おきものに して かざります。

だるま
ねがいが
かなうように。
まねきねこ
おかねが
はいって
くるように。
くまで
しあわせや おかねを
たくさん
あつめられるように。

おうちのかたへ

福を呼び込むように、悪いことが起こらないようにと願いを込めた様々な物があります。草や葉をかき集める熊手には、幸せや富をかき集められるように。倒れても起き上がる達磨《だるま》は運が開けるように。招き猫は人やお金を招くように。鶴と亀は「鶴は千年、亀は万年」と長寿でめでたい物として。扇はそれが開くように幸せが広がるように。熨斗《のし》は、アワビを薄く長く切ってのばし干したものを儀式に使っていたのが、贈り物に添えるものとなり、さらに形式化して今の形になりました。

漢字で書くと末広がりになる八の数字や、色・模様（→84ページ）、行事食などにも縁起を担いだものがあります。

たい

しちふくじん

たからぶね

おうぎ

のし

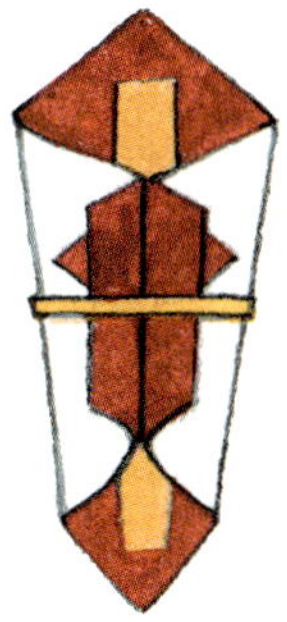

こづち

かめ

つる

くらしの なかに いる おばけや ようかい

トイレ《といれ》に いきたくて
よなかに めが さめちゃった。
でも、よるの トイレ《といれ》は
おばけが でるって きいたんだ。

くらしの なかで おこる
ふしぎな ことや こまった ことは、
ようかいや おばけの しわざだと
いう かんがえかたが あります。
おばけや ようかいは、いるのでしょうか。

おうちのかたへ

古来、災害や大病・事故などの不幸、理解を超える不思議なことは、妖怪や精霊などによるものと考えられてきました。

座敷童《ざしきわらし》は東北地方に伝えられる家の精霊で、家の繁栄を守るといわれます。天《あま》の邪鬼《じゃく》は昔話の『瓜子姫《うりこひめ》』などに出てくるいたずらをする小鬼、だいだらぼっちは伝説上の巨人です。ほかにも、天狗《てんぐ》や河童《かっぱ》など、多くの妖怪が伝えられています。

妖怪や精霊には、自然の恵みに支えられた暮らしに感謝することや、自然の厳しさを伝えるための戒め・教訓という役割もあります。見えない存在はただ恐ろしいばかりでなく、自然との共存のなかで生まれてきた畏敬の念の現れでしょう。

ろくろっくび
だいだらぼっち
かいなで
ちょうちんおばけ
ひのたま
からかさおばけ
あまのじゃく

にほんの いろいろな すまい

おさむらいさんは どんな いえに すんでいたのかな？ あそびに いってみたいな。

がっしょうづくり

やねが りょうてを あわせたような かたちの いえ。かいこを そだてる しごとを する ひとの ために つくられた いえです。1かいで ひとが せいかつして、2かいと 3かいで かいこを そだてます。

ぶけやしき

ながい へいが いえを とりかこみ、もんから なかに はいります。さむらいが すんでいました。

いしべいの いえ

たいふうなどの、つよい かぜと あめから いえを まもる ために、いしの へいが いえを かこんでいます。

ふなや

うみぞいに たつ、りょうしが すむ いえです。2かいだてに なっていて、1かいには ふねを しまい、ひとは 2かいで せいかつします。

まちや

ほそながい かたちで、となりの いえと ぴったり くっついています。かぜや ひかりを とりいれる ために、げんかんがわに ほそい まどが たくさん あります。

おうちのかたへ

土地の気候・風土や職業などにより、住居の形も様々です。

現在も京都などで見られる町家は、商人や職人の店舗または仕事場との兼用住宅が多く、間口は狭く奥に長いつくりです。

武家屋敷は書院造です。周囲に塀を巡らし、門から中に入ると主家建物の入り口に玄関があります。平安貴族の住宅だった寝殿造が変化したもので、現代の和風住宅のもとになりました。

石塀の家は沖縄でよく見られます。台風の被害を防ぐため家は低く、珊瑚《さんご》などを積み重ねた石垣と屋敷林で囲まれています。

くらしや すまいから うまれた ことば

すんでいる いえや、せいかつの なかで つかう どうぐから
うまれた ことばが あるよ。

いっかの だいこくばしら

かぞくの ために はたらくなど、その いえの ちゅうしんに なっている ひとの たとえ。

だいこくばしら ↓52ページ
えんがわ
えんの した

えんの したの ちからもち

めだたない ところで、ほかの ひとの ために はたらいている ひとの たとえ。

かやの そと

はなしに はいらせてもらえない ようす。しらない うちに はなしが すすむ こと。

かや ↓59ページ

しきいが たかい

はずかしい ことが あったり、めいわくを かけていたりして、その ひとの いえに いきにくい。

しきい ↓48ページ

かべに みみ あり しょうじに め あり

ひみつの はなしを、いつ どこで だれが きいているか わからないと いう こと。

しょうじ

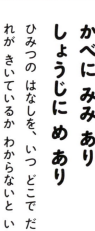

4 にほんの よそおい

きょうは、しちごさんだから、
ぼくも きものを きせてもらったよ。
むかしばなしに でてくる
おさむらいさんみたいだね！

きものを きる ひ

きょうは しちごさん。
きものを きせてもらったら、
せすじが ぴんと
のびるような きもちが するね。

おいわいごとなどの はれの ひには、
きものを きる ことが あります。

しょうがつ

→134ページ

しちごさん

→126ページ

おうちのかたへ

明治時代に西洋の衣服が輸入され、洋服とよばれるようになり、日本古来の様式の衣服を和服というようになりました。和服を総称し着物ともいいます。第二次世界大戦頃までは着物は日常着としても着られ、家庭でつくるのが一般的でした。汚れれば縫い目をほどき洗い、必要があればのり付けをした後に仕立て直すというように大切に着ていました。現在では洋服が定着し、和服は祝い事などハレの日に着る晴れ着となっています。

着物は織りや染め（↓75ページ）で仕上げられた反物からつくられます。大人の着物を一枚仕立てられる生地の幅と丈を一反（幅約34センチメートル、丈約10・6メートル）といいます。

そつぎょうしき

せいじんしき
↓127ページ

けっこんしき
↓128ページ

きものの なまえ

おねえちゃんの つけた おびは、
いろも がらも きれいだね。
ぼくの きている
はおりも かっこいいでしょ。

きもの

はおり
はかま
たび
ぞうり
えり
ひだりの えりが
うえに なるように
かさねます。
はんえり
おびあげ
おび
おびじめ
そで
たもと
すそ
たび
ぞうり

おうちのかたへ

着物は、羽織るように前を合わせ、帯を結んで固定します。帯や帯揚げ、帯締め、半衿《はんえり》、伊達衿《だてえり》、そして小物類など、合わせるものによって着物姿の印象が変わってきます。

洋服では男女で衿の合わせ方が違いますが、和服は男女とも右前（前は手前のこと。つまり正面から見て右が上）に着ます。

左前は死者の装束に通じるため、不吉とされています。

着物の下には、女性は襦袢《じゅばん》や裾《すそ》よけなど、男性は襦袢や褌《ふんどし》などを着ます。足元は、足袋《たび》をはき、草履《ぞうり》や下駄《げた》を合わせます。

懐紙《かいし》を入れる箱迫《はこせこ》や懐剣《かいけん》（→76ページ）などの小物は多くは形式化したもので、七五三などで身につけることがあります。

きもののこもの

はおり

せんす

かんざし

はこせこ

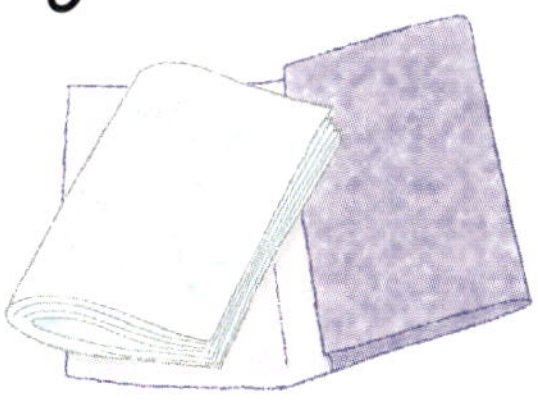

かいし

ふところに いれておく かみ。ちゃどう（→165ページ）などで つかいます。

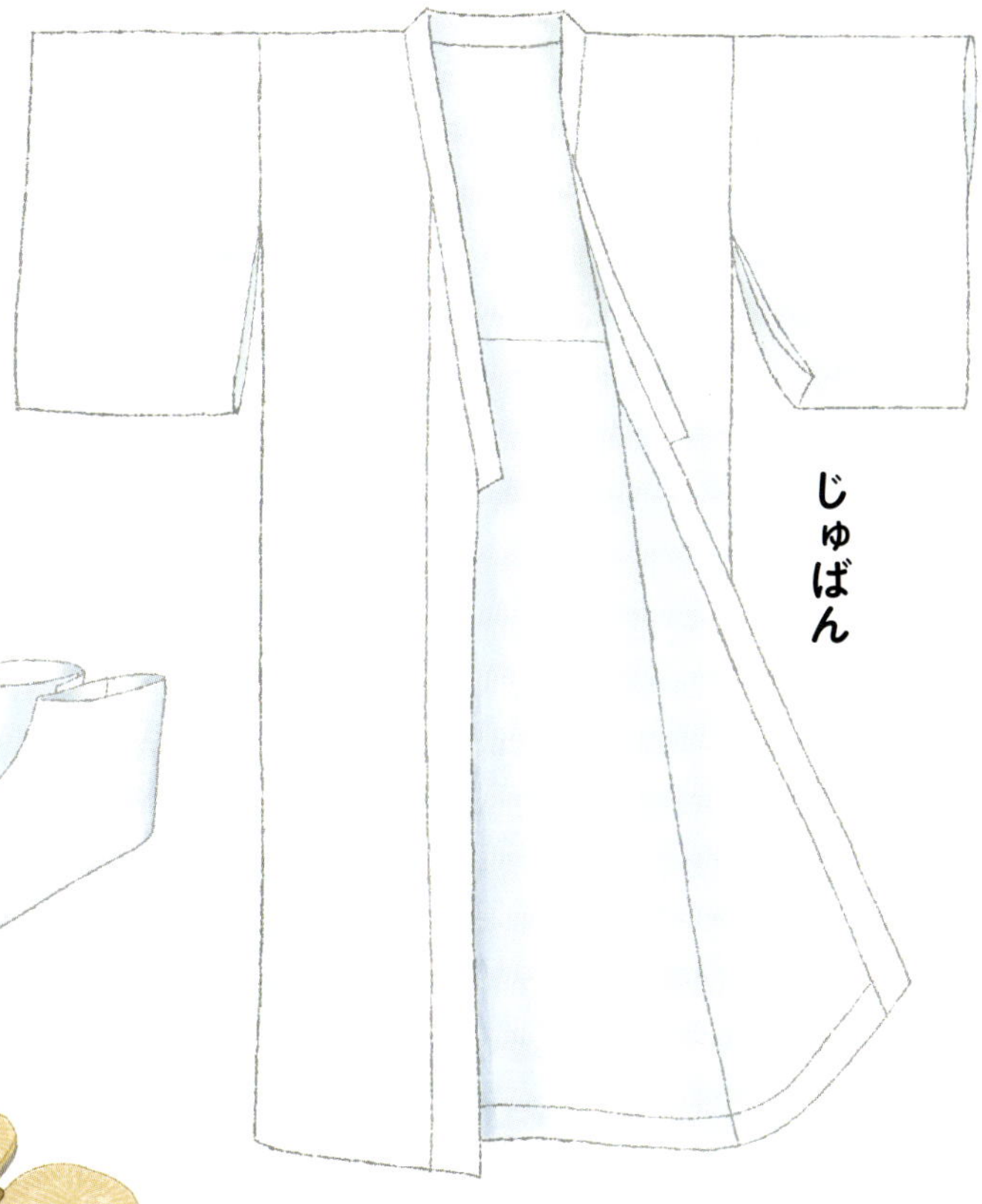

じゅばん

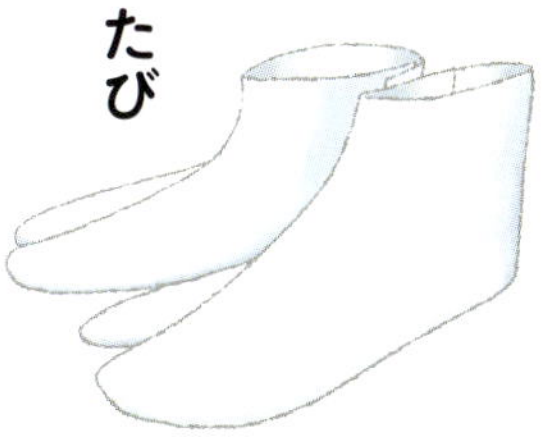

たび

ぞうり

せった

げた

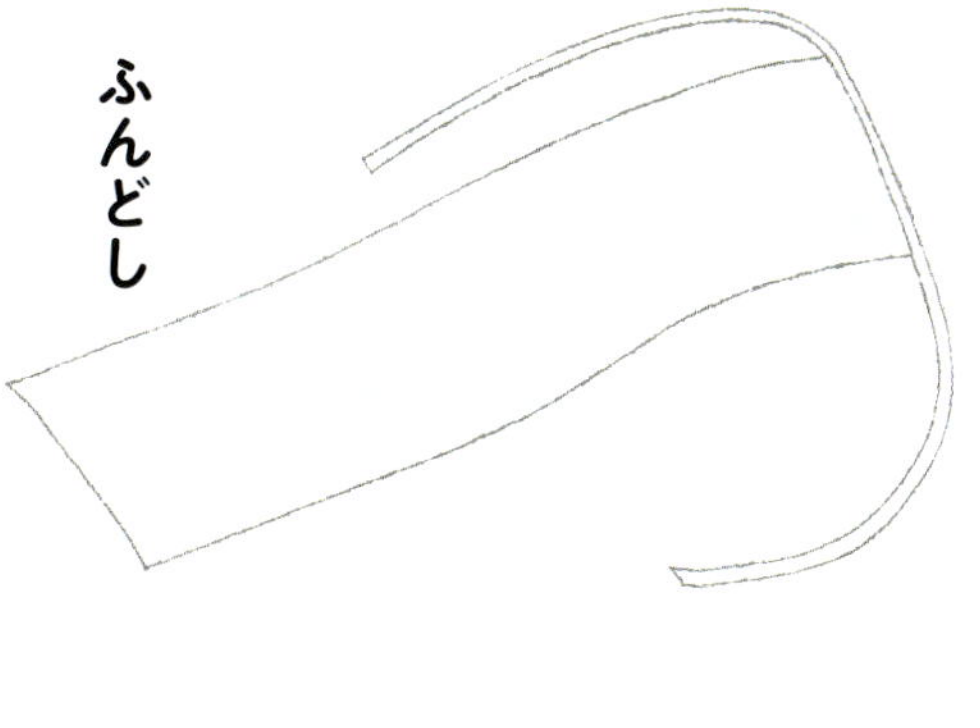

ふんどし

きものの つかいわけ

となりの おねえさんが
きものを きて
でかけて いったよ。
しんせきの けっこんしきに
いくんだって。

きて いく ばしょや あう ひとに よって、
きものの しゅるいを つかいわけます。

はれぎ

（ふりそで・とめそで・はおりと はかま）

けっこんしきなど だいじな しきに いく とき。

→128ページ

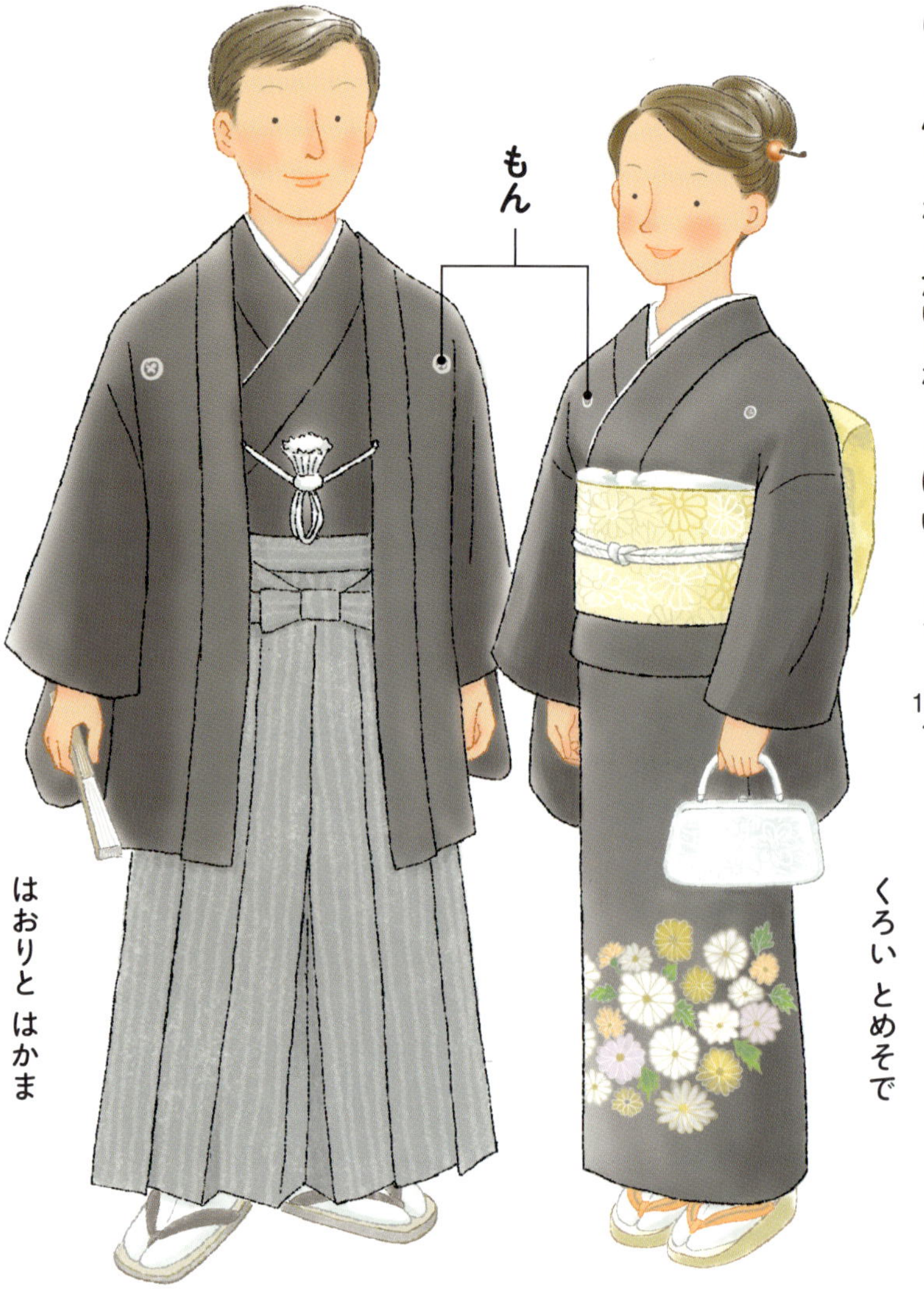

ほうもんぎ

パーティー《ぱーてぃー》などに およばれした とき。

おしゃれぎ

ふだんぎ

しごとなどを する ときは、きものの そでを ひもで まとめたり、かっぽうぎを つけたりします。

おりと そめ

きものの ぬのには、ふたつの つくりかたが あります。168ページ

●おり
いろの ついた いとで おります。

つむぎや かすりは おりの きものです。

●そめ
いろの ついていない ぬのに、えや がらを いれます。

ちりめんや こもんは そめの きものです。

おうちの かたへ

着物や小物は柄や素材などによって、格が決まっています。最も格が高いのは、未婚女性は振袖《ふりそで》、既婚女性は留袖《とめそで》、男性は羽織《はおり》に袴《はかま》の組み合わせです。両袖・両胸・背にそれぞれ一つずつ、合計五つの家紋がある五つ紋が正式礼装とされ、三つ紋は準礼装、一つ紋は略装となります。

素材は、織りよりも染めの着物のほうが格が上とされ、訪問着には縮緬《ちりめん》や絽《ろ》など、普段着には紬《つむぎ》や絣《かすり》などが用いられます。模様は、留袖や訪問着には全体で一つの絵になる絵羽模様《えばもよう》、次いで模様が上向きになるよう配置した付け下げ、おしゃれ着などには一面に同じ模様を散らした小紋《こもん》が選ばれます。

ぎょうじの きもの①

「わっしょい！ わっしょい！」
みんなで おなじ はっぴを
きて、こどもみこしを
かついだよ。

しちごさん

おいわいする ための
はなやかな
きものを きます。

↓126ページ

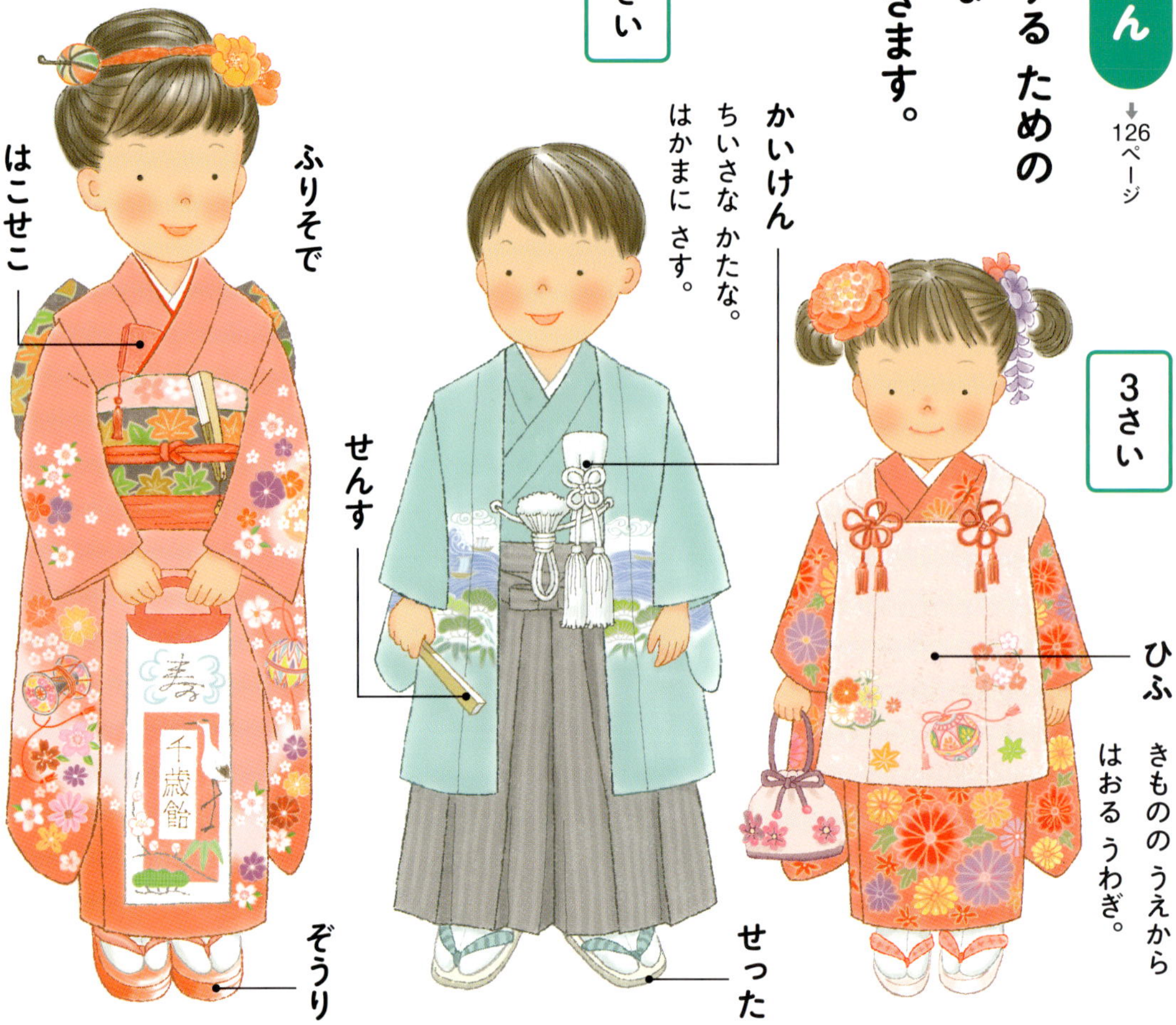

3さい
ひふ
きものの うえから
はおる うわぎ。
5さい
かいけん
ちいさな かたな。
はかまに さす。
せんす
せった
7さい
ふりそで
はこせこ
ぞうり

しちごさんの はじまり

いくつかの せいちょうの
おいわいが もとに
なっています。

かみのけを のばしはじめる
おいわい
はじめて はかまを
はく おいわい
おびを つかいはじめる
おいわい

まつり

↓136ページ

なつまつりには、
ゆかたや じんべいを きます。
すずしい ぬので できています。

はっぴも きものの なかまです。

おうちのかたへ

七五三は、髪置《かみおき》・袴着《はかまぎ》・帯解《おびとき》など、貴族の間で行われていたいくつかの行事が組み合わさって江戸時代頃に盛んになった、装いに関わる行事です（↓126ページ）。髪置は、2〜3歳に行った、それまでそっていた髪を伸ばし始める儀式。袴着は初めて袴をつける儀式で、3歳から7歳の男女に行っていたものです。

現在は、5歳男児が羽織《はおり》と袴に、扇子を持ち懐剣《かいけん》を身につけ雪駄《せった》をはきます。帯解は、子ども用の付け帯を取って大人と同じように帯を結ぶことをいいます。9歳までの男女に行ったものが、7歳女児に行われるようになりました。肩上げ・腰上げした振袖《ふりそで》を着て、懐に箱迫《はこせこ》を入れ帯締めに扇子をはさみます。

ぎょうじの きもの②

きれいな きものを きた
おねえさんたちが うれしそうに
あつまっていたよ。
せいじんしきなんだって。

せいじんしき
↓127ページ

おんなのひとは、
ふりそでと いう
ながい そでの きものを きます。
ふりそでは、むかしは
おとなに なる まえの ひとが
きる きものでした。

たびを はいて、
かかとの たかい
ぞうりを はきます。

おび
おびも
とくべつに
はなやかな
むすびかたを
します。

けっこんしき

このときだけ きる、とくべつな かたちの きものです。

→128ページ

つのかくし
もんつき はおり はかま
はおり
もん
はおりひも
せんす
はかま
しろむく（うちかけ）
せんす（すえひろ）

おうちのかたへ

成人を祝う儀式は、古くからありました（→127ページ）。男子は元服《げんぷく》や初冠《ういこうぶり》といって、初めて冠をかぶり、大人の服装にする儀式でした。女子は初めて髪を結い上げる髪上《かみあげ》と、裳《も》という腰につける衣服を初めて身につける裳着《もぎ》の儀が伝えられています。現代の成人式でも、和服の女性をよく目にします。格を高く帯を飾り結びにし、かかとの高い草履《ぞうり》を合わせます。

結婚式の和装では、新郎は五つ紋の羽織《はおり》に袴《はかま》、新婦は白無垢《しろむく》が最も格が高いとされています。新郎は白の扇子を持ち、新婦は頭に綿帽子か角隠しをつけます。新婦は、吉祥文様《きっしょうもんよう》の入った色打掛や引き振袖を着て角隠しをつけることもあります。

ゆかたの きかた

なつやすみ、おばあちゃんに
ゆかたの きかたを おそわったよ。
ちょっと むずかしいけど、
できるように なりたいな。

おんなのこ

❶ はおった ゆかたの えりを もち、すそが くるぶしくらいに なるように もちあげます。

くるぶし

❷ ひだりの えりを こしの みぎがわに そえます。

❸ いちど ひだりの えりを ひろげて、みぎの えりを こしの ひだりがわで おさえます。

❹ ひだりの えりを もどします。

❺ かさねた ところが ずれない ように、こしひもを 2かい まいて、むすびます。

こしひも

❻ おはしょりを つくって まっすぐに して、だてじめを むすびます。

だてじめ
おはしょり

❼ だてじめの うえに へこおびを 2かい まいて、ちょうむすびを します。

へこおび

❽ おびを ふんわりと ひろげて ととのえます。むすびめを うしろに まわします。

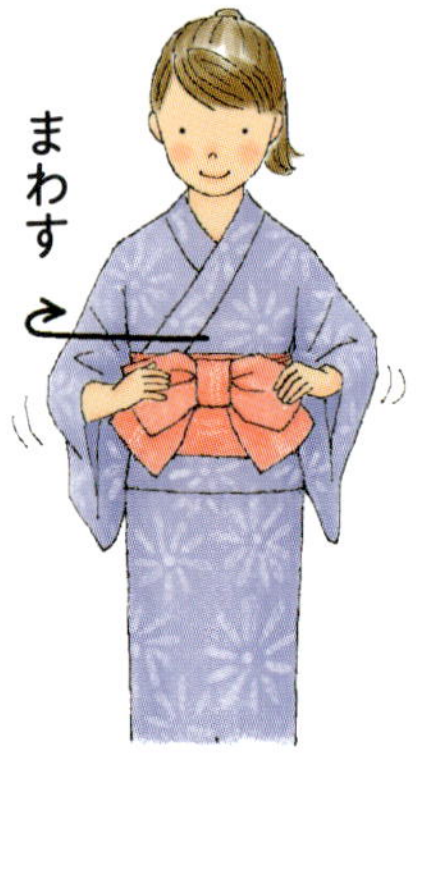
まわす

おとこのこ

❶ はおった ゆかたの えりを もって、からだの しょうめんで そろえます。

❷ みぎの えりを こしの ひだりがわで おさえます。

❸ ひだりの えりを こしの みぎがわで おさえます。

❹ こしの ほねの ところで、こしひもを むすびます。

❺ こしひもの うえに へこおびを 2かい まいて、ちょうむすびを します。

❻ むすびめを うしろに まわします。

できあがり

おうちのかたへ

着物は男女で帯の結び方や着方に違いがあります。女性の着物は着たときの丈より長くできているので、着るときに腰のところでおはしょりをして、余った分をたくし上げます。男性の着物は着たときの丈に合わせてあるので、おはしょりの必要はありません。また、女性は胸の下で帯を巻くのに対し、男性は腰のところで帯を巻くのも大きな違い。後ろの衿《えり》を少し下げ、襟足を見せるようにして着るのは女性の着つけの特徴です。

着物の下には、肌襦袢《はだじゅばん》、裾よけなどの下着、半衿をつけた長《なが》襦袢《じゅばん》などの下着を身につけますが、浴衣は肌着の上に直接着るのが基本です。

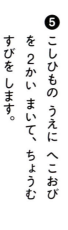

きものの れきし

きものは ながい れきしの なかで、かたちや きかたが かわりながら つたわっています。

むかし

きぞくの きもの
（へいあんじだい）

ぶしの いえの きもの
（むろまちじだい）

たたかう ときは、きものの うえに よろいを つけました。

むかしばなしの おひめさまは きものを たくさん かさねて きていたよ。わたしも きてみたいな。

まちの ひとの きもの（えどじだい）

がいこくの ぶんかを
きものすがたに
とりいれました。

いま

にほんでは ずっと きものを きて
せいかつして いました。いまは、きものは
とくべつな ひに きる ものに なって います。

おうちのかたへ

かつては社会的な階級によって、装いが異なりました。その歴史のなかで様々な着物の形と着方が生まれました。平安時代の貴族は、女性は何枚も着物を重ねて着る十二単《じゅうにひとえ》、男性は束帯《そくたい》が正装でした。武士の時代になると、より活動しやすい袖や裾の長さとなり、江戸時代の裃《かみしも》につながります。女性は打掛《うちかけ》が定着し、それまで履いていた袴《はかま》も省略されるようになりました。

現在の着物の原型とされるのは、袖口の狭い小袖《こそで》とよばれる衣服です。平安時代に貴族が装束の下に着た肌着と、下級者や庶民が上着としていた短い筒袖の流れにあり、色や模様がつけられ、身分を問わず日常着として一般的になりました。

いろと もよう

ゆかたを きせてもらったら、
「きれいな あいいろね」って
おばあちゃんに ほめられたよ。
あいいろって、どんないろ？

いろ

にほんの いろは くさばなや いきものなど、
きせつや しぜんと つながりが あります。

さくら

ヤマザクラ《やまざくら》の はなびらの
ような いろ。

きつね

きつねの せなかの
けのような いろ。

もえぎ

でたばかりの きの めや、
はのような いろ。

あかね

アカネ《あかね》の ねで そめた
いろから。

ふじ

フジ《ふじ》の はなのような いろ。

あい

アイ《あい》の はで そめた
いろから。

もよう

きものなどに つかわれる にほんの がらには、ひとつひとつ いみが こめられています。

あさのは

アサ《あさ》が まっすぐ のびるように、こどもが まっすぐに そだちますように。

からくさ

ずっと のびる つるのように、ずっと しあわせが つづきますように。

せいがいは

なみのように へいわが ずっと つづきますように。

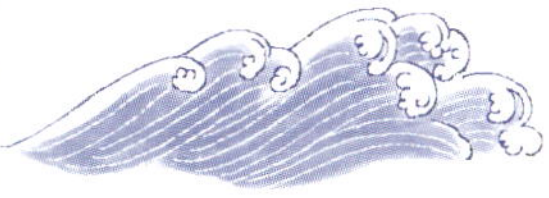

かごめ

わるい ことから まもられますように。

やばね

ゆみやが わるい ことを はらってくれますように。

きっこう

かめのように ながいき できますように。

おうちの かたへ

着物に使われる色は、日本の自然の中で生まれてきました。着物では、重ねて着たときの色の取り合わせを楽しんだり、身分・年齢によるしきたりや季節に合わせて色を選んだりされてきました。染める生地や時代の制約もあり、例えば江戸時代には茶や鼠色《ねずみいろ》の系統の色がよく使われたといいます。

ここに取り上げた模様は、着物のほかにも、手ぬぐいや風呂敷、工芸品などで見たことがあるかもしれません。麻の葉柄は現代でも乳幼児の肌着などに使われています。松竹梅、鶴亀、鳳凰《ほうおう》、青海波《せいがいは》など、特に縁起のよい模様とされるものは「吉祥《きっしょう》文様《もんよう》」とよばれます。七五三の晴れ着などでも見られます。

ころもがえ

きょうから なつようの
ふくを きるんだって。
むかしの ひとも こうやって
ころもがえを していたの?

おうちのかたへ

衣替えは、平安時代の更衣《こうい》という宮中行事が始まりとされています。旧暦4月1日に夏物へ、10月1日に冬物へと衣服だけでなく調度や敷物なども入れ替えを行っていました。その後、節供などにも関係し複雑になりますが、明治時代に新暦が採用され、また政府によって公職の制服の衣替えが6月1日と10月1日に定められると、それが一般にも広がりました。今では気候や環境の変化もあり、緩やかなものとなっています。

着物では、冬には裏地のついた袷《あわせ》、夏には裏地のない単《ひとえ》を着ます。着物が日常着だった頃は、季節に合わない着物を着ることは「野暮《やぼ》」とされ、一斉に衣替えが行われたとされます。

にほんの いろいろな よそおい

すもうの ぎょうじさんや おぼうさんの きものは かたちが かわって いるね。

いそぎ

うみに もぐって かいなどを とる、あまの よそおい。しろい シャツ《しゃつ》を きて、しろい ぬのを こしに まきます。

くろご

ぶたいで やくしゃの てつだいを する、くろご(↓146ページ)の よそおい。すべて くろい ものを みに つけます。

さむえ

そうじなどを する ときに おぼうさん(↓132ページ)が きます。

いたまえはっぴ

わしょくを つくる ひとの よそおい。はっぴと ズボン《ずぼん》の うえに まえかけを します。

ぎょうじしょうぞく

すもうの ぎょうじ(↓160ページ)の よそおい。ひたたれと いう きものを きて、えぼしを かぶり、てには ぐんばいを もちます。

えぼし
ぐんばい

しんしょくしょうぞく

かんぬし(↓123ページ)の よそおい。しろい きものの うえに かりぎぬと はかまを きて えぼしを かぶります。てには しゃくを もちます。

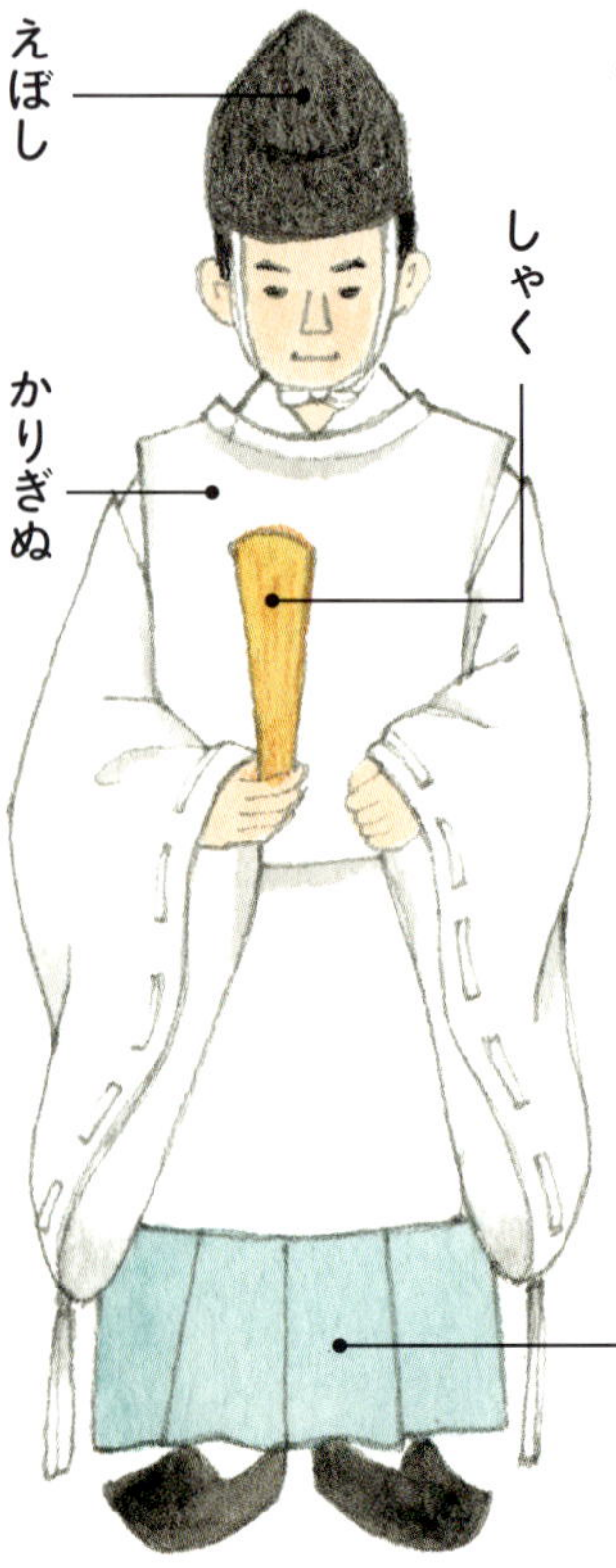
えぼし
しゃく
かりぎぬ
はかま

そうふく

おぼうさんの よそおい。ほうえと いう きものの うえに けさと いう ぬのを つけています。

ちゃつみいしょう

おちゃの は（↓40ページ）を つむ ときの よそおい。かすりの きもの（↓74ページ）に たすきを かけ、あかい まえかけを します。

とびしょうぞく

とびしょくにん（たかい ところなどで こうじを する ひと）の よそおい。すそが ふくらんだ ズボン《ずぼん》を はきます。

またぎしょうぞく

やまで かりを する マタギ《またぎ》の よそおい。さむさや ゆきに つよい ものを みに つけました。

みこしょうぞく

みこ（↓123ページ）の よそおい。おくは しろい きものに あかい はかまを はきます。

おうちのかたへ

日本で営まれてきた職業の服装を取り上げています。それぞれの仕事の内容によって発展し、着用されています。現代でもこのようなところに、和服の形式を見ることができます。ほかにも、日本の伝統芸能（↓141ページ）の衣装では和服が、武道（↓162ページ）で着用する道着では和服の形式のものが多く見られます。行司や神職の装束では、直垂《ひたたれ》や狩衣《かりぎぬ》などに烏帽子《えぼし》を着用します。階級によって身に着ける色を分けている職業もあり、貴族の歴史につながるようなところもあります。

よそおいから うまれた ことば

きものや きものの どうぐから うまれた ことばが あるよ。

えりを ただす

きもちを ひきしめる こと。

つじつまが あう

はなしの すじみちが とおる こと。

つじと つまは、きものを ぬう ときに きちんと そろえて ぬわなければ いけない ところで ある ことから。

おびに みじかし たすきに ながし

おびに するには みじかく、たすき(↓75ページ)に するにも ながすぎるように、ちゅうとはんぱな ようすの たとえ。

ない そでは ふれない

そでが なければ ふる ことが できないように、もっていない ものや ちからは かす ことが できない こと。

そでを ぬらす

そでが ぬれるほど、かなしくて なみだを ながす こと。

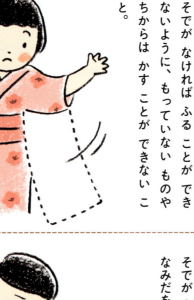

5 にほんの あそび

おりがみ、なわとび、かくれんぼ。
きょうは なにして あそぼうかな？
ねえ、おじいちゃんも いっしょに
あそぼうよ！

そとあそび ①

きょうは よく はれたから、
おにいちゃんや ともだちと
でんしゃごっこで あそぶんだ。
もう みんな、あつまって いるかな？

たけとんぼ
とんだ とんだ
しゅっぽ しゅっぽ
だるまさんが ころんだ
だるまさんが ころんだっ

おうちのかたへ

テレビもゲームもほとんどなく、車の通行も少なかった頃、野原や空き地、路地裏、寺や神社の境内などが子どもたちの遊び場でした。大きい子は小さい子の世話をしながら遊びました。

竹とんぼは、鉛筆を削るなどのために持っていた小刀で竹を削り、よく飛ぶように工夫しながらつくりました。「だるまさんが転んだ」は10音。10を数えるために唱えます。「ぼんさんがへをこいた」など、地域により唱え方が異なります。

じゃんけんは、中国から伝わった拳《けん》という遊びが変化したものとされ、石・紙・はさみの三すくみの構成です。日本各地で様々な掛け声があります。世界にも類似のものがあります。

おにが きたぞ
おにごっこ
きゃー
まてー
でんしゃごっこ
ぽっぽー
じゃんけん
おにや じゅんばんを きめる ときに します。
じゃんけん ぽんっ
グー《ぐー》
グー《ぐー》に かち
チョキ《ちょき》に かち
パー《ぱー》に かち
パー《ぱー》
チョキ《ちょき》
うまとび
いくよ～
それっ

そとあそび ②

「いーち、にい、さん、し……」
おにが かぞえて いる うちに、
さあ、どこへ かくれよう。
あの きの うしろなら
みつからないかも。

おうちのかたへ

特別なおもちゃがなくても、自然のものや身近なものを使って遊んでいました（↓100ページ）。

男女別に遊ぶことも多くありました。男の子がよくしていたのが、新聞紙を丸めたものや木の棒を刀に見立て打ち合うちゃんばらごっこ。腰にひもなどで刀をつけ、肩には風呂敷のマント、手ぬぐいで覆面《ふくめん》や鉢巻きをするなど、さながらヒーローのように戦う子もいました。女の子に人気があったのは、ままごとです。家から持って来たものを使ったり、木の葉や実、花や小石など周囲から手に入るものを様々に見立てて遊びます。

かくれんぼの類似の遊びで、缶けりも行われました。

そとあそび ③

「ごはんだよ」
おかあさんから よばれるまで、
まりつき、なんかい つづけられるか
きょうそうしようよ。

まりつき
あんたがた どこさ
めんこ
それっ
けんけんぱ
けん

おうちのかたへ

まりつきやゴム跳びは主に女の子の遊びです。ゴム跳びは輪ゴムをつないだものやゴムひもを使い、足にからめたり跳び越えたりします。めんこは円形や長方形の厚紙で、主に男の子が遊びました。地面に置いた相手のめんこに自分のめんこを打ちつけ、相手のものが裏返ると勝ちなど様々な遊び方をします。

けんけんぱは石蹴りのひとつです。地面に丸やマス目の枠を描き、その中に石を投げ入れて石のある枠までけんけんで進む遊び方や、石を蹴りながら進む遊び方がありました。

また、自転車に乗った紙芝居屋がやって来ることもあり、駄菓子を買うと紙芝居を見ることができました。

わらべうた

「か～ごめ かごめ」
みんなと うたうと たのしくて
つい こえが おおきく なるね。
ねえ、もう いっかい うたおうよ！

はないちもんめ〈わらべうた〉

（☆と★の 2くみに わかれて うたいます。）

☆★ふるさと まとめて はないちもんめ
☆★ふるさと まとめて はないちもんめ
☆となりの おばさん ちょいと きておくれ
★おにが こわくて いかれない
☆おかま かぶって ちょいと きておくれ
★おかま ないから いかれない
☆ふとん かぶって ちょいと きておくれ
★ふとん びりびり いかれない
☆あのこが ほしい　★あのこじゃ わからん
☆このこが ほしい　★このこじゃ わからん
☆そうだんしよう　★そうしよう

（くみで、あいての くみの ひとの なかから ひとり きめます。）

☆○○さんが ほしい　★○○さんが ほしい

（なまえを よばれた ひとが じゃんけんを します。まけた ひとは、あいての くみに はいります。）

☆かって うれしい はないちもんめ　★まけて くやしい はないちもんめ

とおりゃんせ 〈わらべうた〉

とおりゃんせ　とおりゃんせ
ここは　どこの　ほそみちじゃ
てんじんさまの　ほそみちじゃ
ちっと　とおしてくだしゃんせ
ごようの　ないもの　とおしゃせぬ
このこの　ななつの　おいわいに
おふだを　おさめに　まいります
いきは　よい　よい　かえりは　こわい
こわい　ながらも　とおりゃんせ　とおりゃんせ

かごめ　かごめ 〈わらべうた〉

かごめ　かごめ
かごの　なかの　とりは
いつ　いつ　でやる
よあけの　ばんに
つると　かめと　すべった
うしろの　しょうめん　だーれ

おうちのかたへ

「はないちもんめ」は二組に分かれて行います。掛け合いの歌の中で互いに相手方の一人を指名し、じゃんけんで勝つと味方に入れます。「とおりゃんせ」は、二人がつくるアーチの下をほかの人がくぐる遊びです。歌の終わりにアーチが下がり、捕まると腕の中で揺すぶられるなどします。「かごめかごめ」は、一人が鬼になって目隠しし、ほかの人は手をつなぎ、周りに輪をつくって歌いながら回ります。歌が終わると止まり、鬼が後ろに立った人の名前を言い当てられたら交代します。

　わらべうたは子どもの間で歌い継がれているものです。地域単位や学校・年代単位でも、歌詞や節回しに違いがあります。

しぜんの おもちゃ

カラス《から》ノエンドウ《すのえんどう》の みが ふくらんでいるね。
そうだ、くさぶえを つくって、みんなで ならして あそぼうよ。

タンポポ《たんぽぽ》の かざぐるま

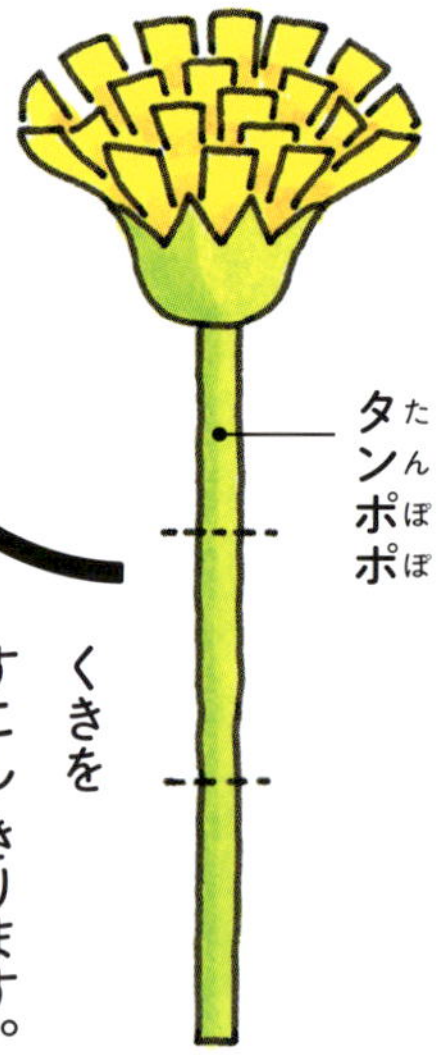

くきを すこし きります。

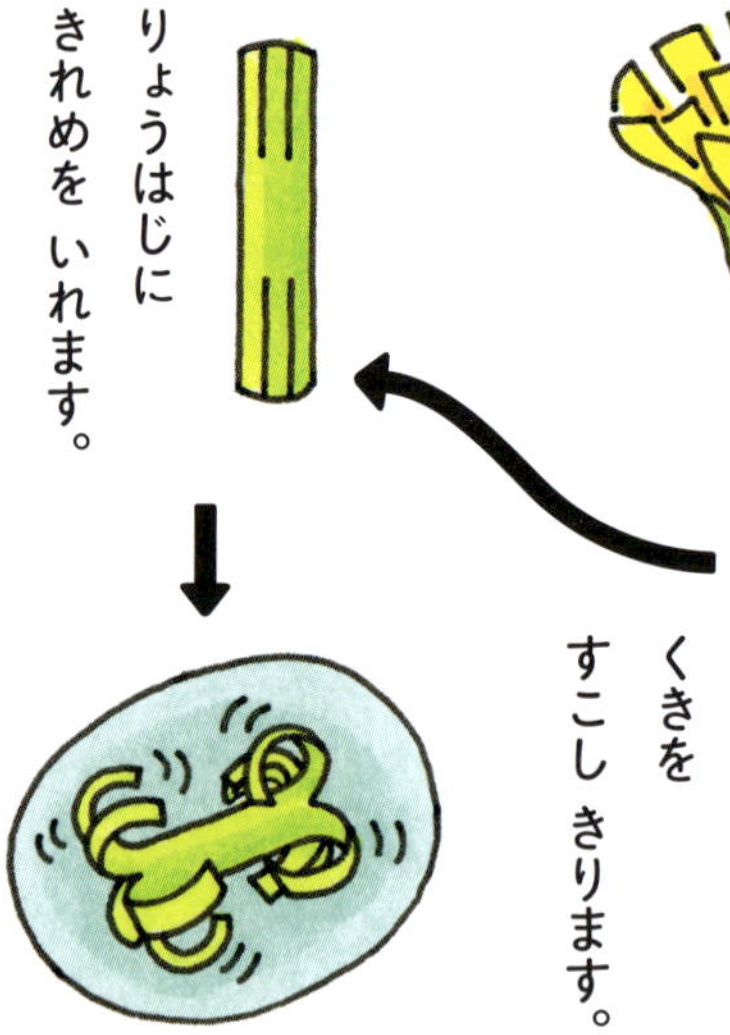

りょうはじに きれめを いれます。

みずに つけると はじが くるりと まるまります。

ほそながい ぼうなどを さして、いきを ふきます。

くさぶえ

みの なかの たねを とって、かたほうを すこし ちぎります。

ピーッ《ぴーっ》と おとが なります。

ササ《ささ》の は あめ

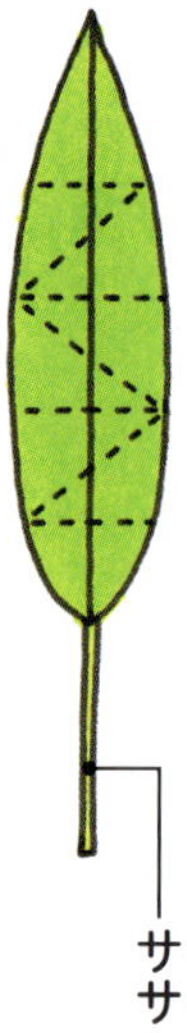

さんかくに おりたたむと、あめのような かたちに なります。

ホオノキ《ほおのき》の おめん

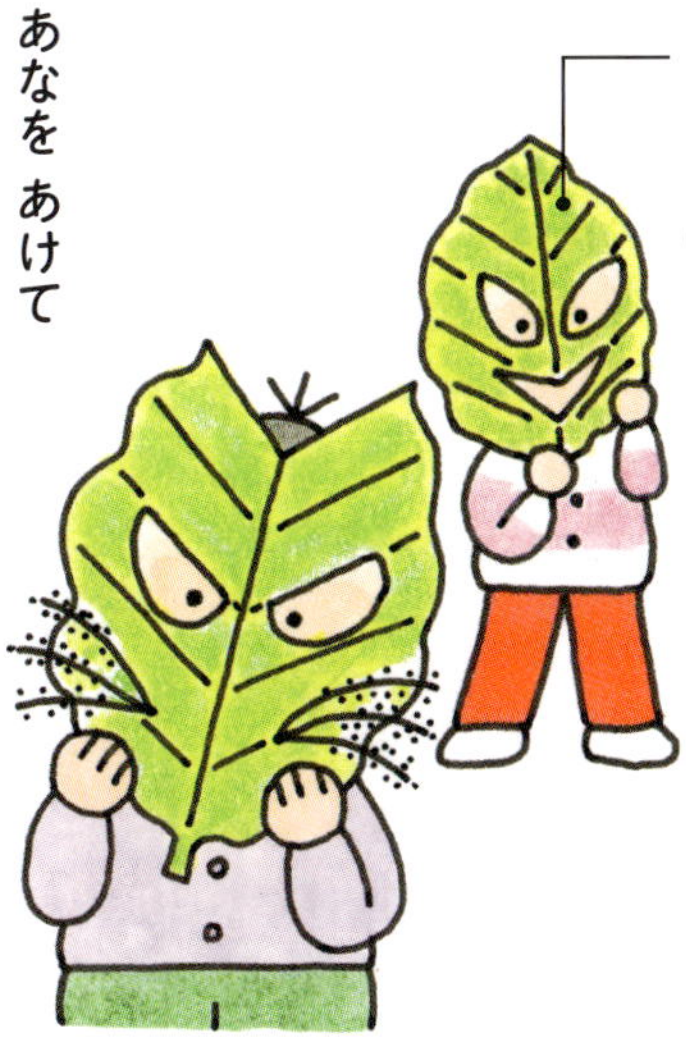
ホオノキ《ほおのき》の は

あなを あけて めや くちを つくります。

ツバキ《つばき》の ぞうり

ツバキ《つばき》の は
きれこみを いれます。
あなを あけます。
あなに さします。

シロツメクサ《しろつめくさ》の かんむり

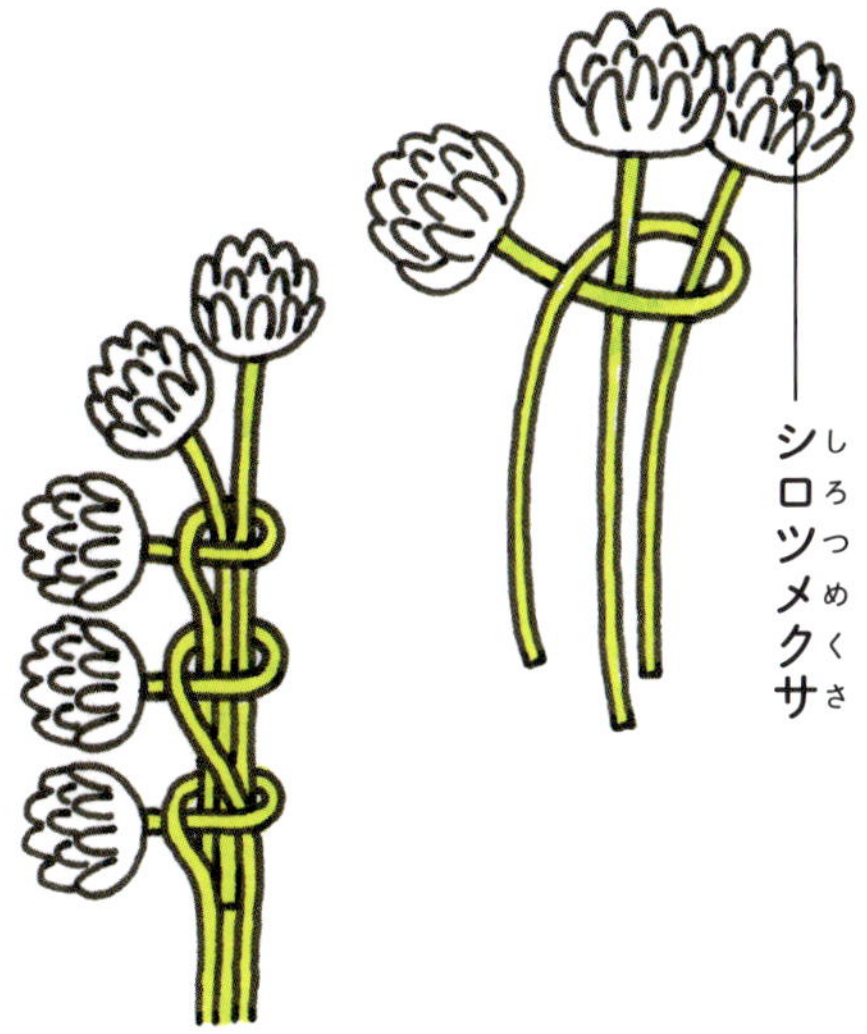
シロツメクサ《しろつめくさ》

くきを たばねるように からめます。

ながく つづけたら、わに して かんむりに します。

ササ《ささ》ぶね

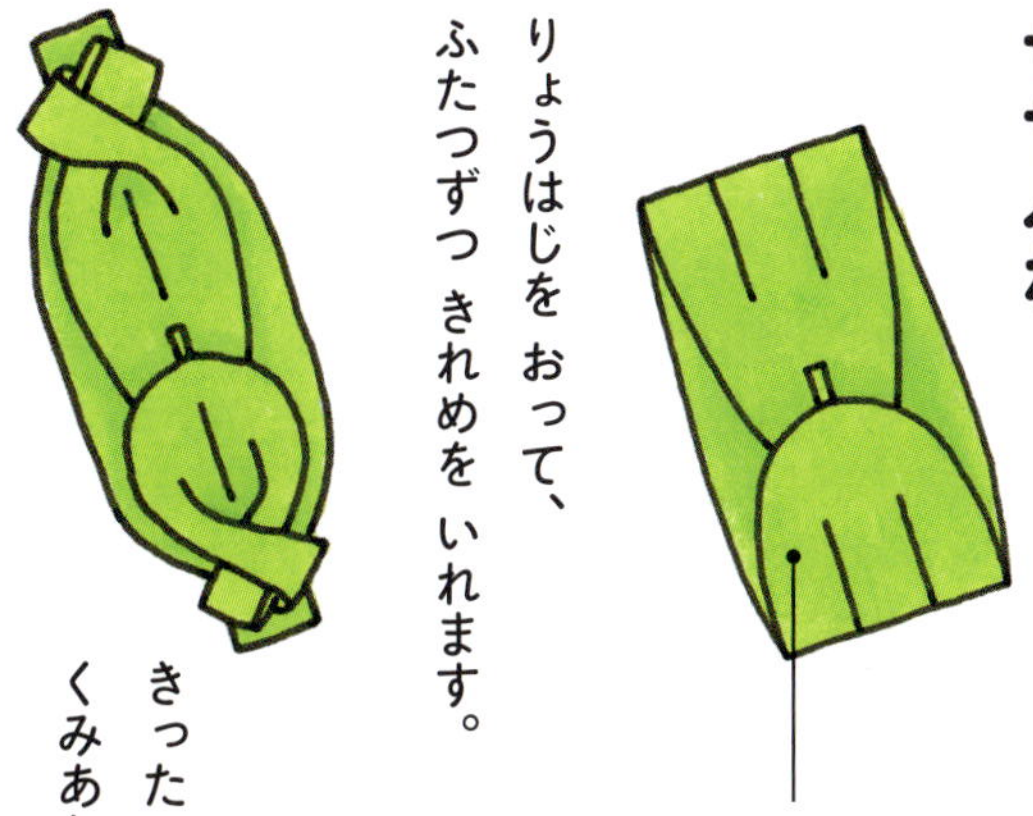
ササ《ささ》の は

りょうはじを おって、ふたつずつ きれめを いれます。

きった ところを くみあわせます。

おうちの かたへ

自然のもので、様々な遊びの道具をつくることができます。タンポポの茎は空洞で細工がしやすく、花を使って首飾りや腕時計などもつくれます。草笛は、マサキやツバキの葉、スズメノテッポウ、タンポポの茎などでもつくります。大きなホオノキの葉は飛行機の形に切って飛ばしたり、ツバキの葉は松葉を刺して虫かごをつくったりもできます。シロツメクサはレンゲでも同じように遊ぶことができ、冠のつくり方で長く編めば首飾りに。笹舟は茎を残して帆を立てるようなつくり方もあります。このほか、オオバコの茎や松葉を絡ませ引っ張り合ったり、ドングリをこまにしたりと、様々な遊びを楽しめます。

なかあそび

おばあちゃん、 わたし、 おてだまが うまくなったでしょう。 おとさないで なんども つづけられるよ。

あめの ひや さむい ひは、 いえの なかで あそびます。

おうちのかたへ

室内遊びにも様々なものがあります。おはじきは奈良時代に中国から伝えられたとされます。ガラスや陶器などでできた平たい玉で、色や模様がきれいなのでままごとの道具にもなりました。お手玉はおじゃみともいいます。布《きれ》を使い、小豆などを入れてつくります。歌いながらリズムよく投げて遊びます。双《すご》六《ろく》も古くからある遊びです。正月の遊び（→114ページ）としても行われます。薄い紙を貼り合わせた紙風船は、行商の薬売りがおまけで配ることもありました。

近年では、伝統的な遊びの継承の目的から、剣玉やおはじき・お手玉などが遊びに取り入れられることもあります。

ぬりえ
かみふうせん
すごろく
おてだま

しょうぎ・いご

おとうさんと おにいちゃんが
しょうぎを しているよ。
くずししょうぎなら
ぼくにも できるよ。

しょうぎ

しょうぎは、40の こまを
つかって しょうぶを します。
かんたんな あそびかたも あります。

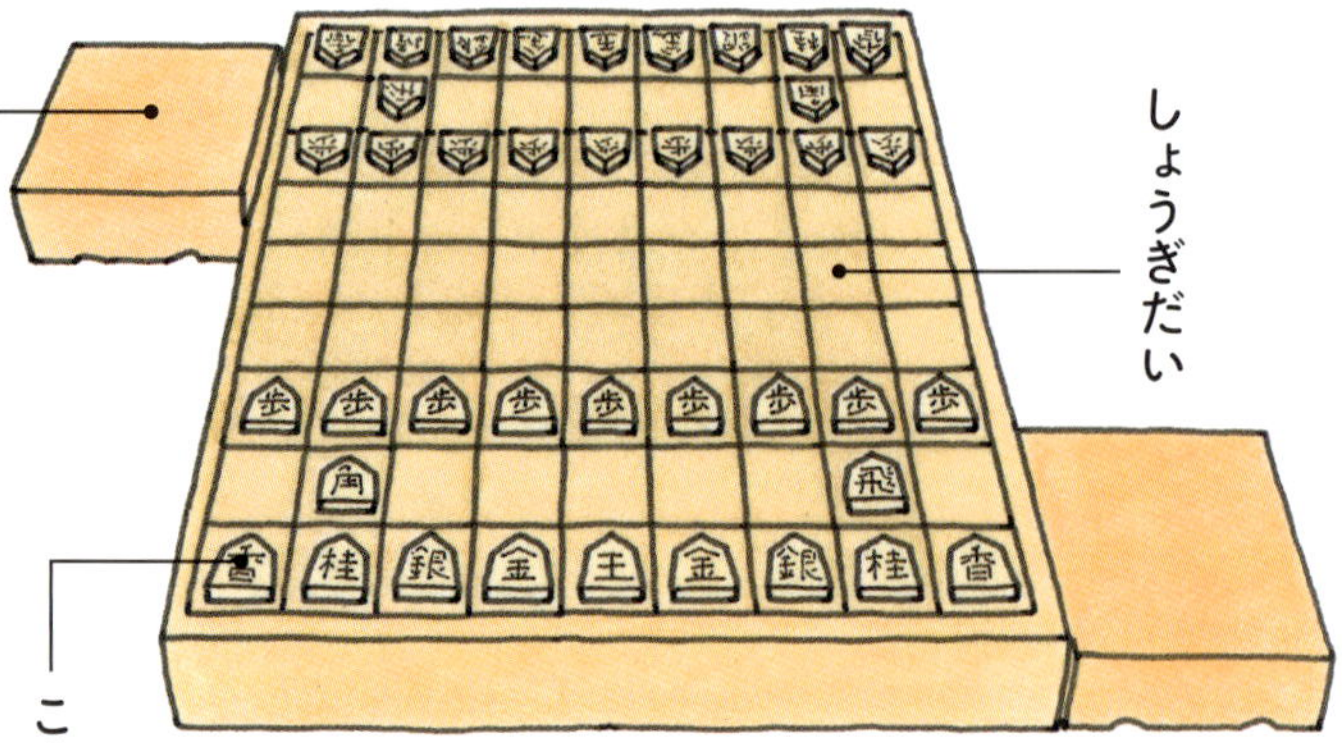

くずししょうぎ

やまづみに した しょうぎの こまを 1まいずつ
ぬいていきます。やまが くずれたら まけです。
おとを たてては いけません。

いご

くろと しろの ごいしで ごばんの うえで しょうぶを します。

いごの どうぐで する ごもくならべは、じぶんの いろの いしを 5つ ならべたら かちです。

はさみしょうぎ

じぶんの こまで あいての こまを はさむと、その こまを もらう ことが できます。こまを たくさん とったら かちです。

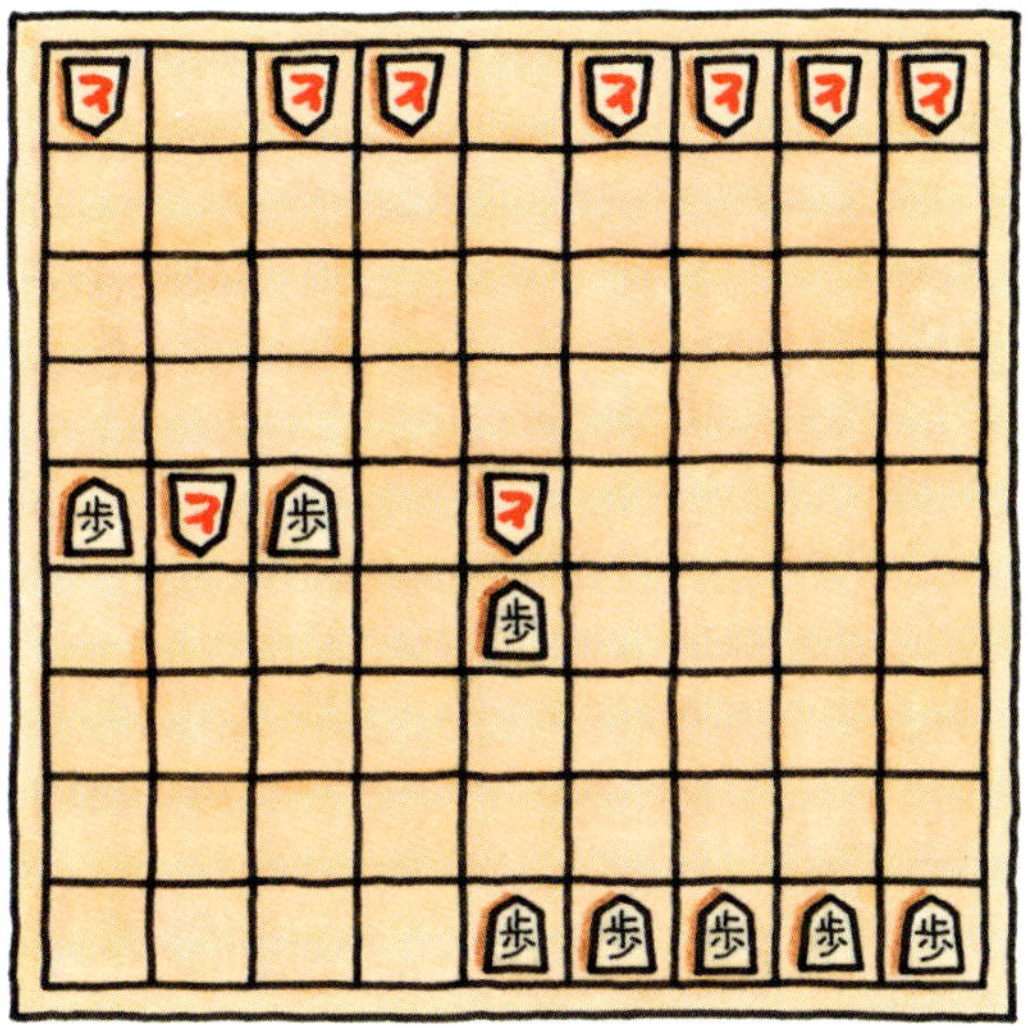

おうちの かたへ

将棋も囲碁も、二人で盤をはさみ、向かい合って行います。

将棋は、縦横各9列の盤上で互いに駒を進め、相手の王の逃げ場がないようにしたほうが勝ち。インドで生まれ、中国を経由して伝わったとされます。チェスも同じ遊びが起源とされますが、取った駒を自分の駒として使えるのは日本の将棋の特徴です。古くは列や駒の数が多いものもありました。囲碁は、縦横各19本の線が交わった点（目）に、黒と白の石を交互に置き、広い範囲を占めたほうが勝ちです。起源は中国とされます。

将棋には崩し将棋やはさみ将棋、囲碁には五目並べや碁石を使ったはさみ将棋のようなものなど、簡単な遊びもあります。

あやとり

てとての あいだに できる
きれいな ちょうちょ、
かわいいね。
にだんばしごだって つくれるよ。

けいとや ひもを わに して
いろいろな かたちを つくって
あそびます。

ゴム《ごむ》

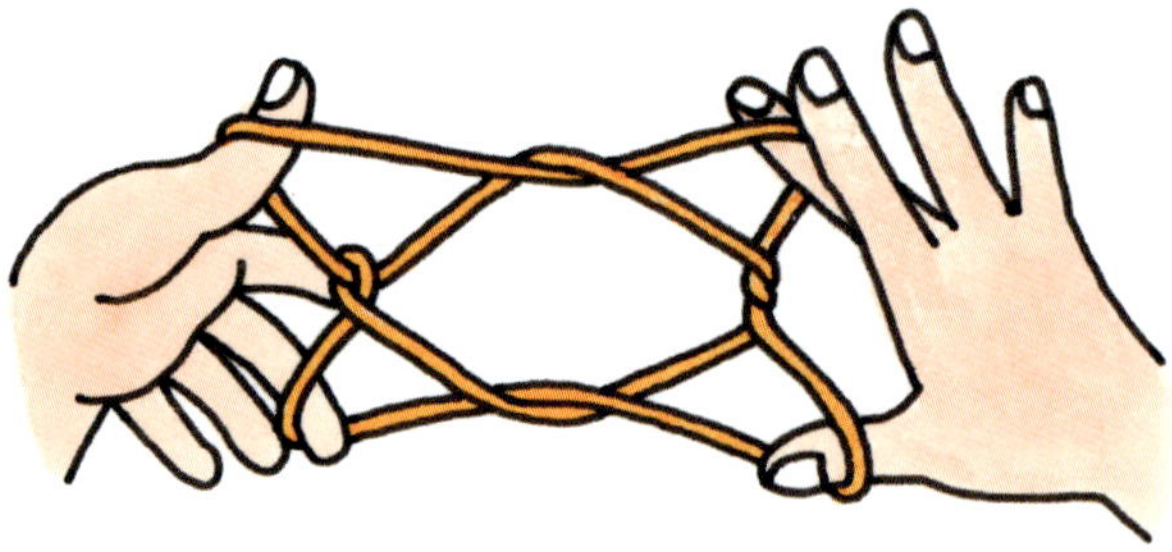

いちだんばしご

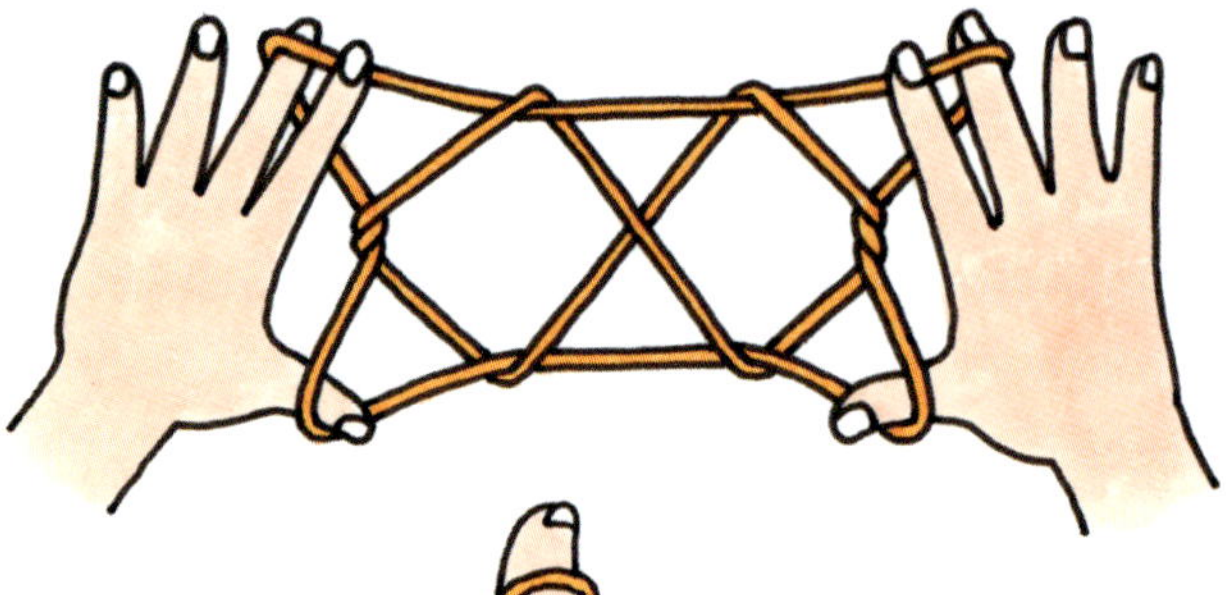

にだんばしご

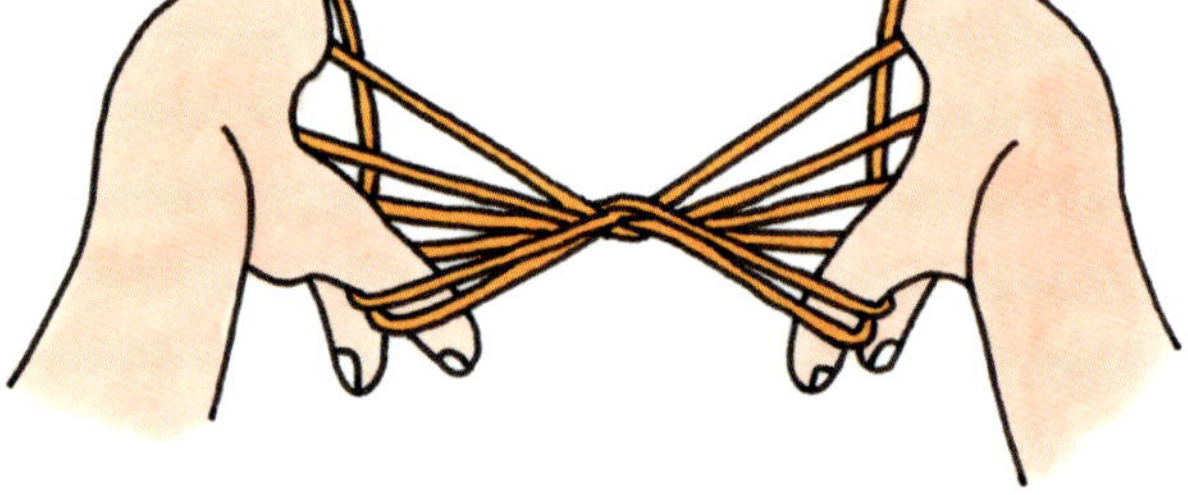

ちょうちょ

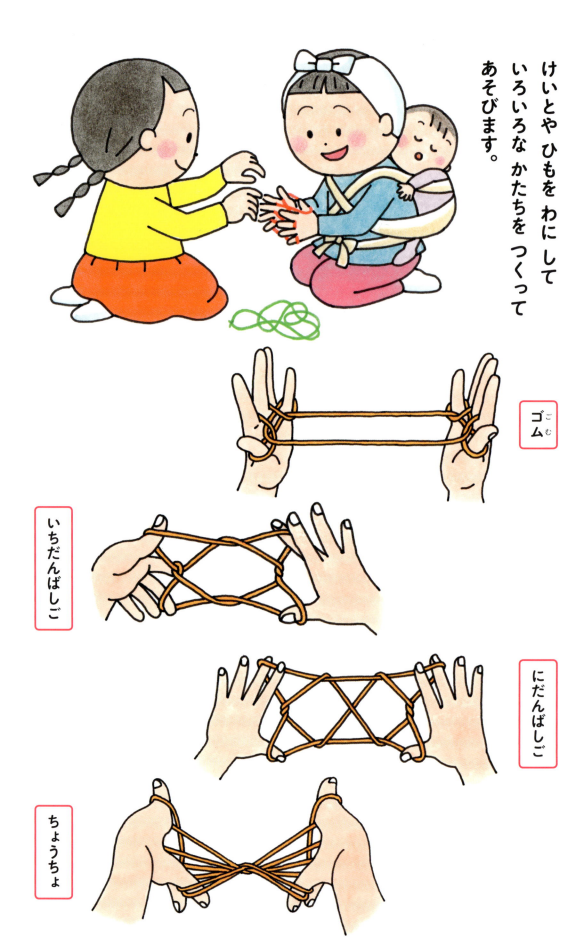

ぱんぱんほうきの つくりかた

❶ おやゆびと こゆびに ひもを かけます。みぎての なかゆびで ★の いとを ひねりながら とります。

❷ ひだりの なかゆびで ★の いとを とります。

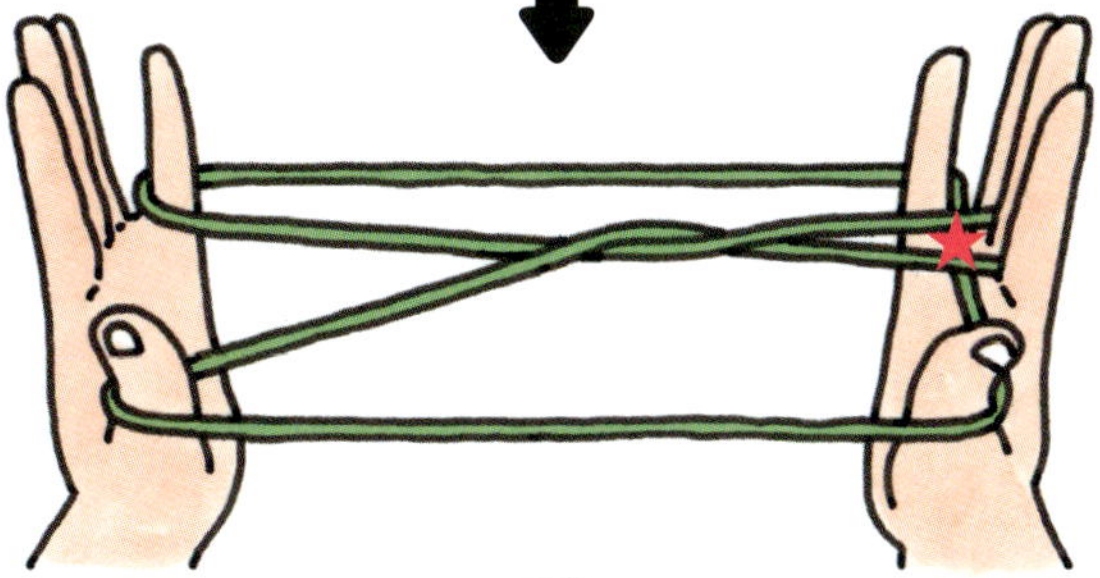

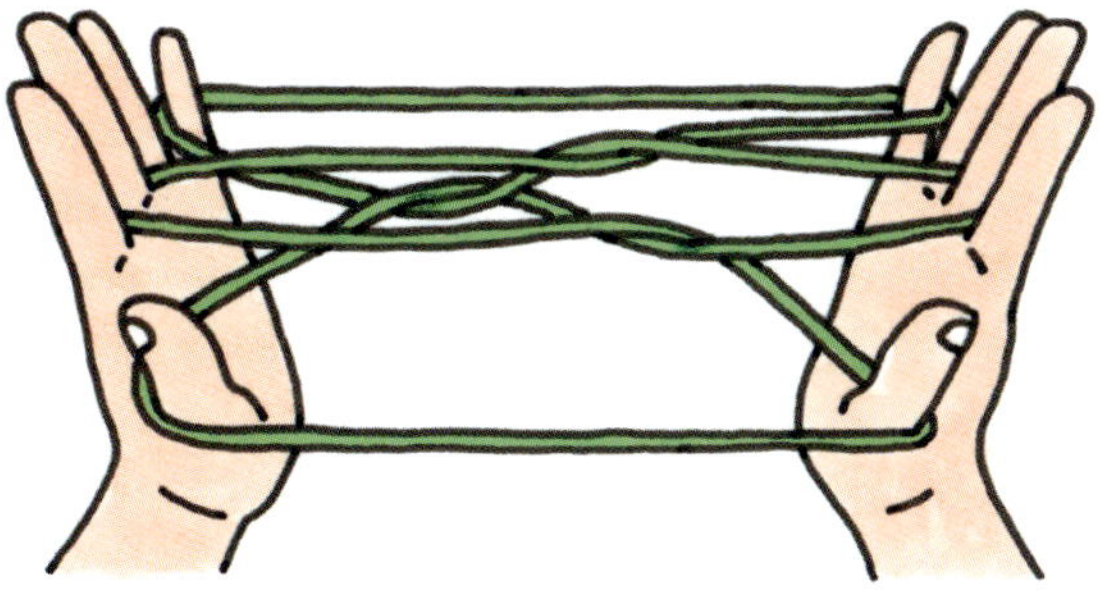

❸ パンッ《ぱんっ》と りょうてを あわせ、みぎての おやゆびと こゆびから いとを はずします。

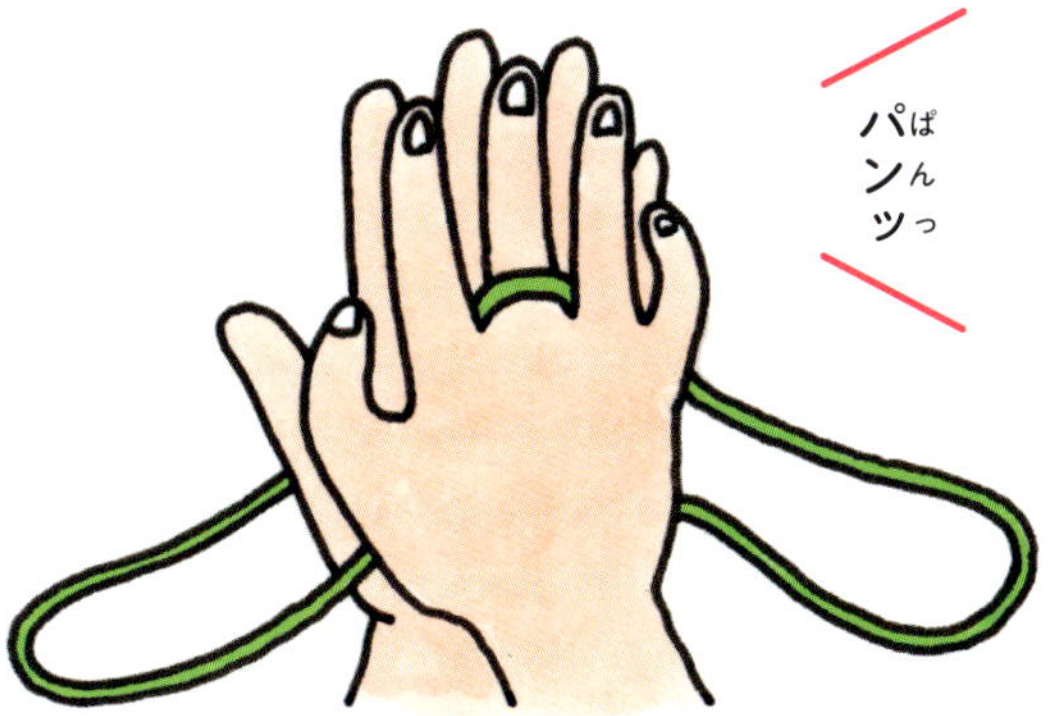

❹ りょうてを ひろげると、ほうきの かたちに なります。

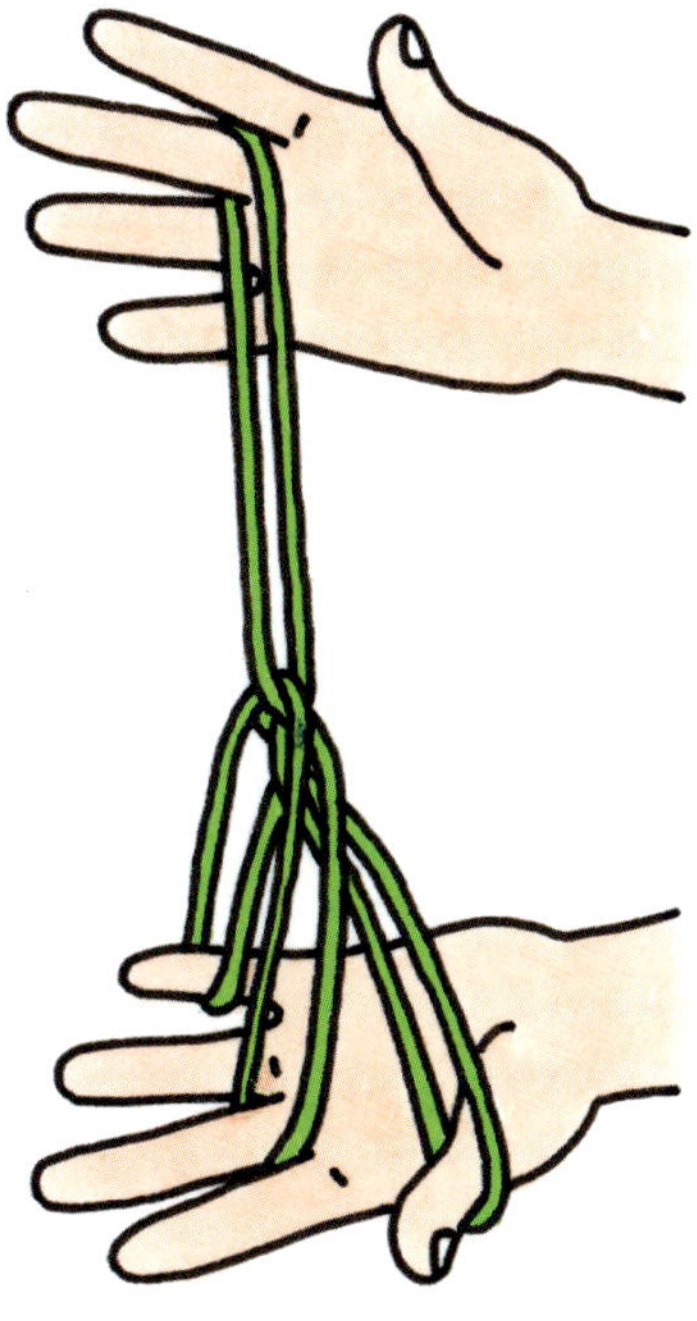

おうちの かたへ

あやとりでは、50～60センチメートルほどの木綿糸や毛糸などを輪にして、両手首や指にかけ様々な形をつくります。遊び方は、一人で形をつくる「ひとりあやとり」と、二人または数人で互いに糸を取り合う「ふたりあやとり」があります。ひもさえあればどこででもできるあやとりは、日本だけでな

くオーストラリアやパプア・ニューギニア、南北アメリカ、アフリカなど世界中で親しまれ、3000種を超えるあやとりが伝承されているといわれています。「はしご」や「ほうき」も世界各地に見られる形で、様々な物に見立てられています。海外では、呪術《じゅじゅつ》や儀式のために用いることもあったとされます。

おりがみ

ぼくの おった ひこうきは とおくまで よく とぶんだよ。どうやって おるか おしえて あげるよ。

おりがみ 1まいで いろいろな かたちを つくる ことが できます。

ひこうきの つくりかた

❶ はんぶんに おって あとを つけます。

❷ かどが まんなかに くるように おります。

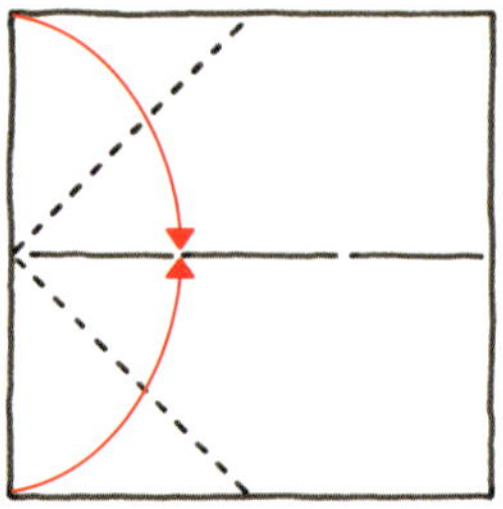

❸ さらに まんなかに むかって おります。

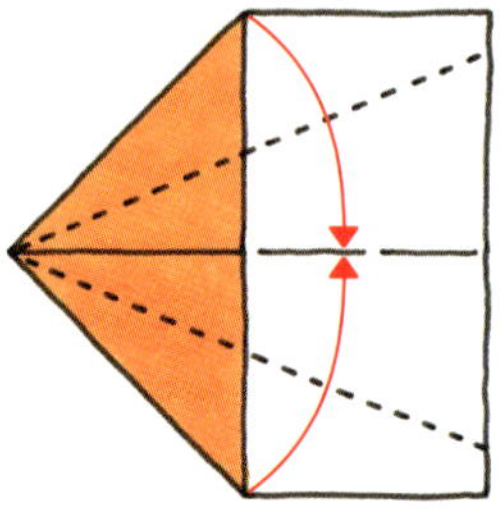

❹ うらがえして はんぶんに おります。

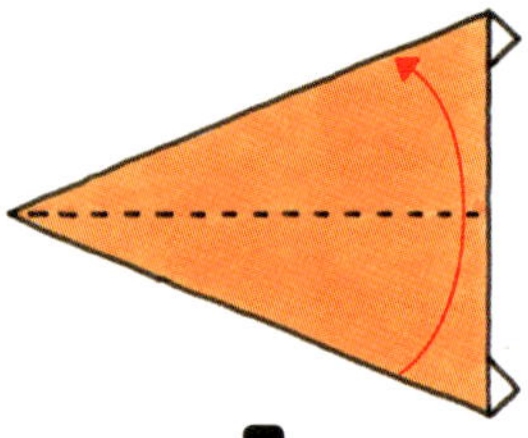

❺ そとがわに おります。

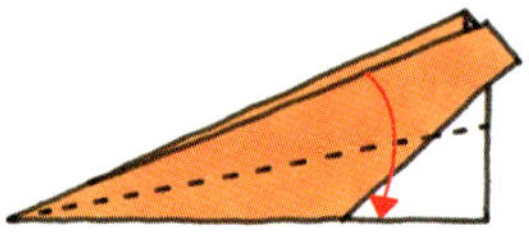

❻ りょうほうの はねの たかさが そろうように します。

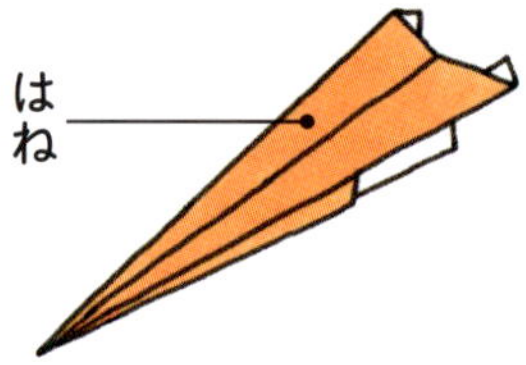

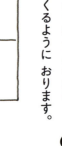

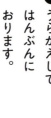

かぶとの つくりかた

❶ かどと かどを あわせて さんかくに おります。

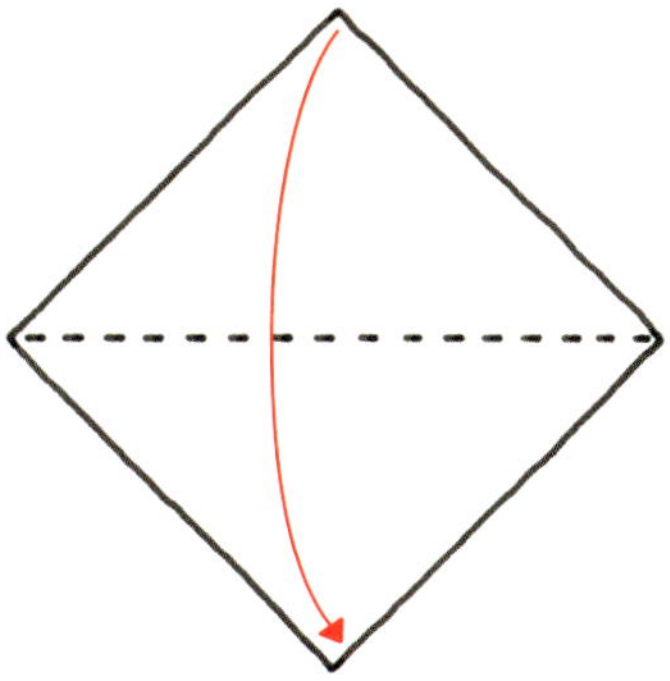

❷ 3つの かどを あわせるように おります。

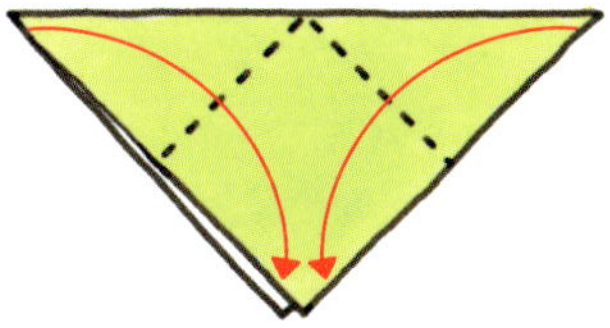

❸ 2つの かどを おりあげます。

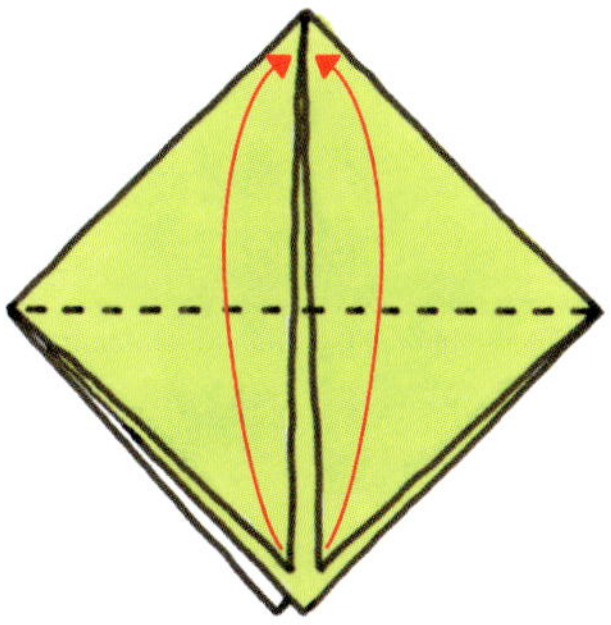

❹ そとがわに すこし おります。

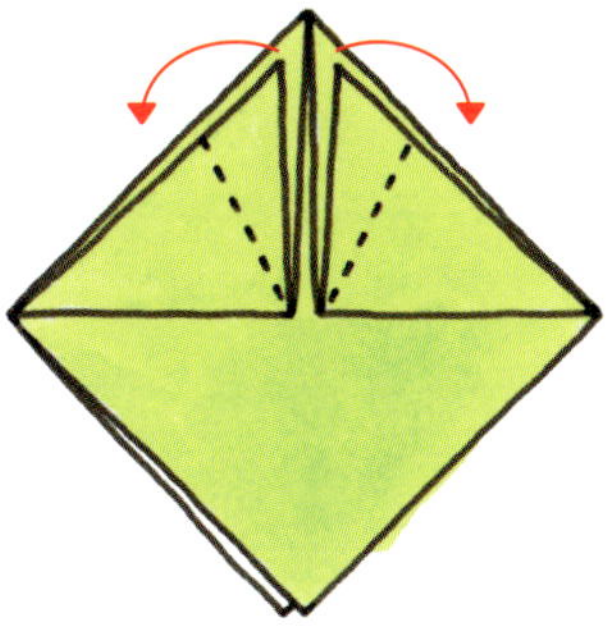

❺ いちばん うえの 1まいを とちゅうまで おりあげます。

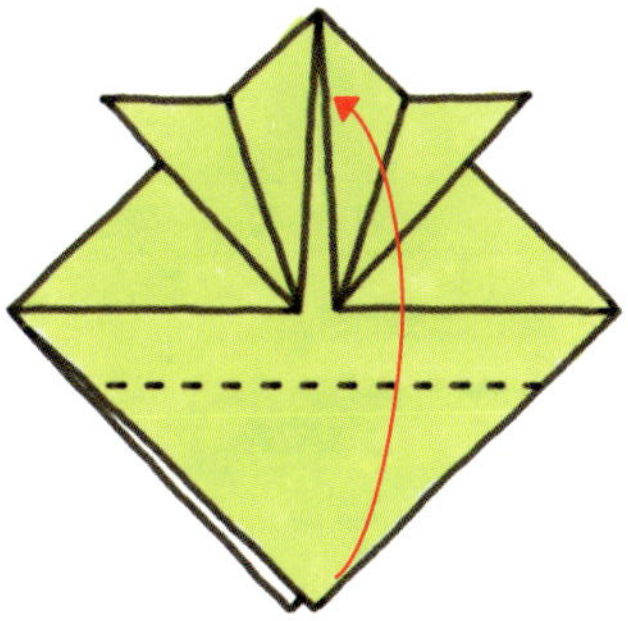

❻ したの ぶぶんを おりあげます。

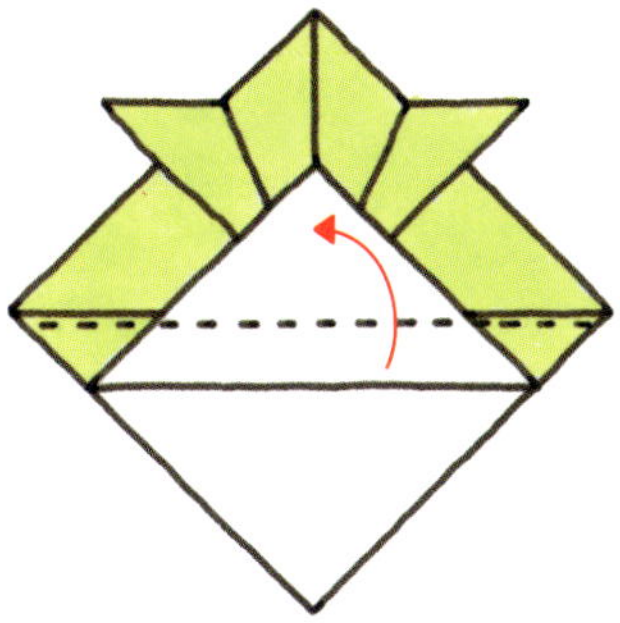

❼ したの かみは さんかくの なかに おって いれます。

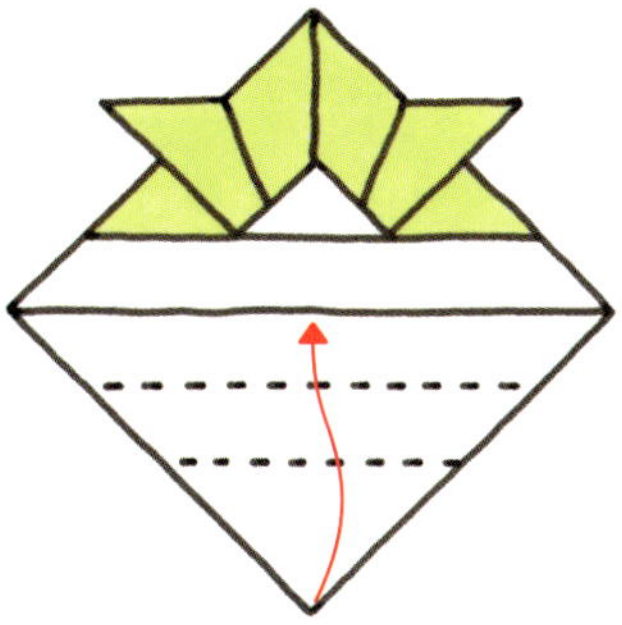

おうちのかたへ

1枚の紙を折って、様々な形をつくり出す折り紙は、贈り物や供え物を包むときに紙を美しく折ったことから始まったとされます。室町時代にはそうした包み方の作法がまとめられ、江戸時代になると今の折り紙のような遊びが広く楽しまれるようになり、複雑な折り方もできました。鶴、やっこさん、舟、風船、アヤメなど、多くの折り方が伝承されています。

折り紙が日本独特の文化となったことには、薄く、破れにくい和紙の特性も影響したと考えられます。江戸時代には和紙に木版で様々な模様を色刷りした千代紙が生まれ、折り紙だけでなく、人形の衣装や小箱などに利用されるようになりました。

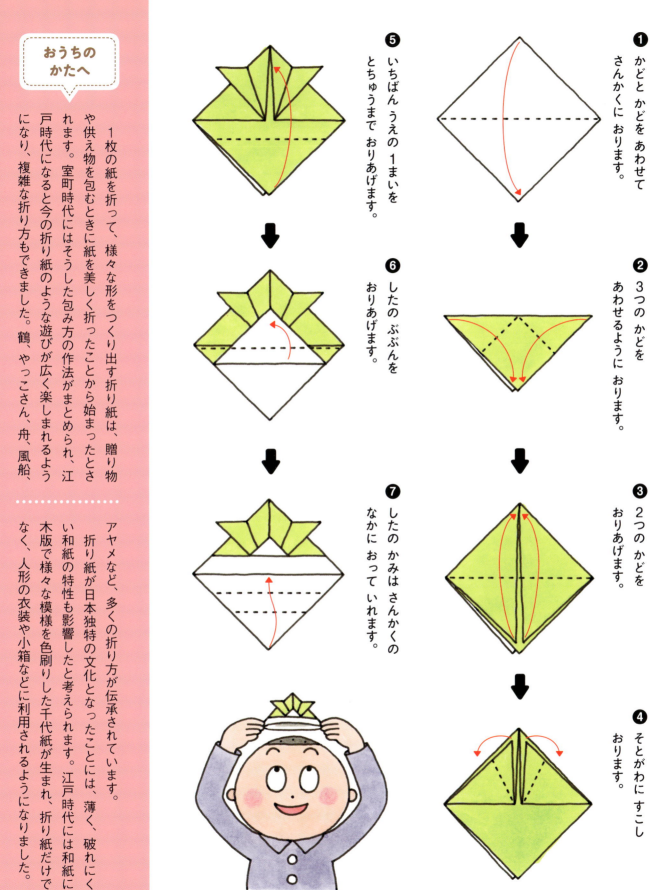

えかきうた・かげえ

うたに あわせて
リズム《りずむ》よく えを かくよ。
わたしが なんの えを
かいているか わかるかな？

すうじの えかきうた

いっちゃんが
まめ
もらって
おててを
だして
ダンス《だんす》だよ

にいちゃんが
3えん
もらって
まめ
かって
おくちを
とんがらかして
あひるさん

さんちゃんが
さんぽして
3えん
もらって
まめ
かって
おくちを
とんがらかして
ぼく
たぬき
バッテン《ばってん》

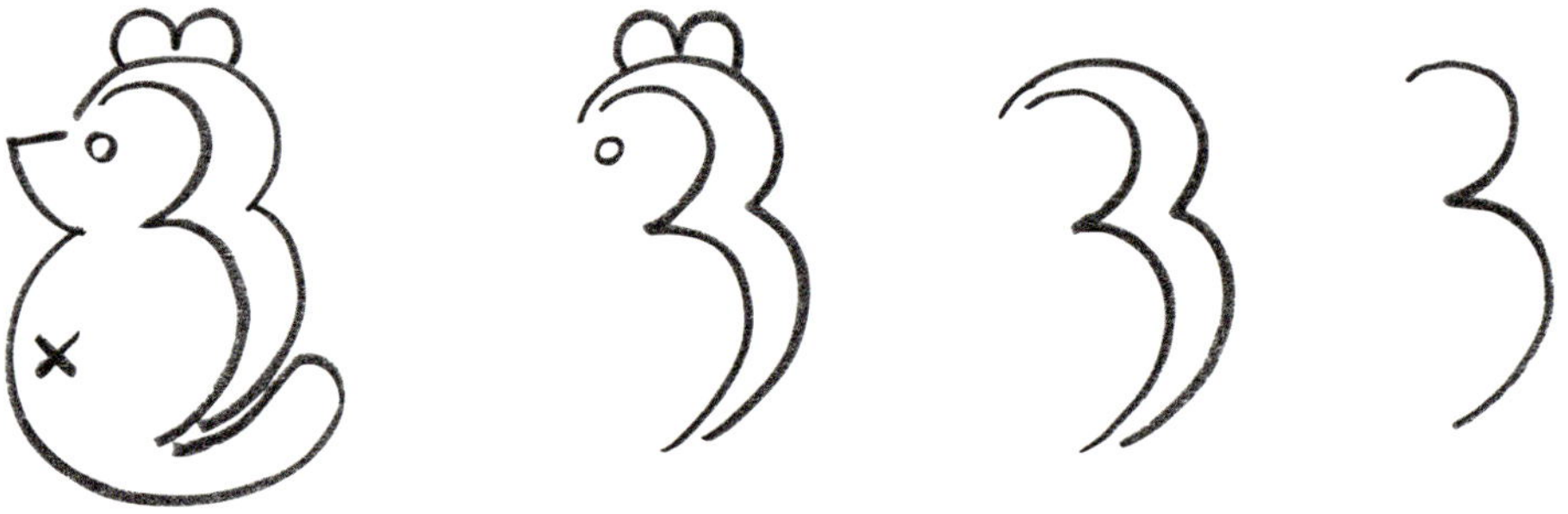

かげえ

くらく なってきたら、しょうじに
かげを つくる ことが できます。
おもいがけない かたちが できて、
おもしろいですね。

おうちの かたへ

文字を使って絵を描く文字絵には「へのへのもへじ」「つるさんはまるまるむし」など、節をつけて歌いながら文字や図形を組み合わせて描く絵描き歌には「あひるのこ」「たこ入道」「ぶた」など、多くの種類があります。口承によって伝えられるため、地域によって描き方や唱え方に違いがあります。地面に棒や石、白墨《はくぼく》で描いて遊ぶこともありました。

手で形をつくり、その影を壁や障子などに映して楽しむ影絵は現在も親しまれています。手指の向きを少し変えるだけでも形が変わるため、動物の形をつくって動くように見せたり、物語を演じたりして遊ぶことができます。

てあそびうた

おにいちゃんの おおきい て、
おばあちゃんの しわしわの て。
いろんな てと てで
いっしょに あそぶと たのしいね。

ずいずい ずっころばし

〈わらべうた〉

ずいずい ずっころばし
ごまみそ ずい
ちゃつぼに おわれて
とっぴんしゃん
ぬけたら どんどこしょ
たわらの ねずみが
こめくって チュウ《ちゅう》
チュウ《ちゅう》チュウ《ちゅう》チュウ《ちゅう》
おっとさんが よんでも
おっかさんが よんでも
いきっこなしよ
いどの まわりで
おちゃわん かいたの だあれ

なんにんかで わに なります。
おにを きめて おきます。
かるく にぎった てを
からだの まえに だします。

うたいながら、
おにが みんなの ての なかに
ゆびを いれて まわります。

うたの さいご、「だ～あれ」で
おにの ゆびが はいっていた
ひとが つぎの おにです。

おちゃらかほい

❶ふたりで むかいあって、てを つなぎます。

❷てを ふります。

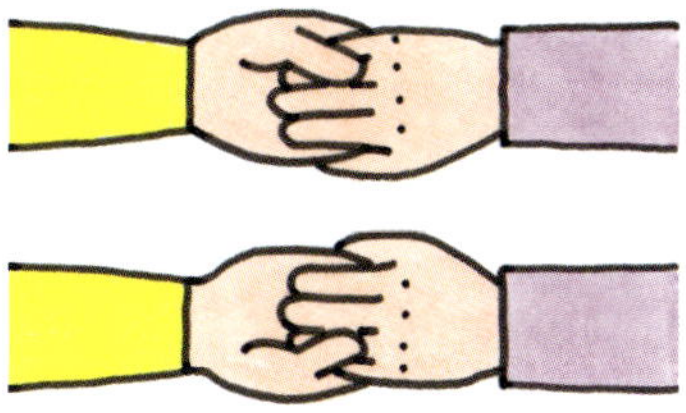

❸うでを かさねます。

❹てを 1ど うちます。

❺ひだりてを うえに むけて みぎてを あいての ひだりてに のせます。

④⑤は 3かい くりかえします。

❻3かいめの「おちゃらか」を して、じゃんけんを します。

❼④⑤を 1かい します。

❽じゃんけんの かちまけに あわせて ポーズ《ぽーず》を とります。

❾⑥の「おちゃらか」に もどって つづけます。

おうちのかたへ

歌いながら手や体を動かす遊びは、口伝えに伝わってきました。「ずいずいずっころばし」のように何人かの手をぐるぐる回って遊ぶものは、ほかにも「おせんべやけたかな」などがあります。「おちゃらかほい」のように、じゃんけんをするものには、「お寺のおしょうさん」などがあります。また、二人が向かい合って遊ぶ手遊びは、「せっせっせーのよいよいよい」という掛け声で始まるものが多くあります。「茶摘み」「アルプス一万尺」などは、振りを間違えないように徐々にスピードをあげていって楽しむ手遊びで、子どもたちは夢中になって早口に歌い上げます。一人で遊ぶものには「茶壺《ちゃつぼ》」などがあります。

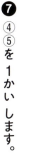

しょうがつの あそび

おしょうがつに みんなで する ふくわらいは おかしくって たまらないよ。かぞくや いとこ、みんなで あそべて うれしいな。

ふくわらい

とくに しょうがつ(↓134ページ)に よく する あそびが あります。

こままわし

はねつき

まけた ひとの かおに すみを ぬる ことも あります。

おうちのかたへ

正月は家族でできる遊びが多く行われます。代表的なものが福笑いとかるたです。だれでも遊べ、出来上がりのおかしさに家族で笑い合える福笑いは、江戸時代から流行しました。かるたは、日本で平安時代に楽しまれていた貝合わせと、ポルトガルから伝わったカード遊びが合わさってできたとされます。ほかに、羽根突きやこま回し、凧《たこ》揚《あ》げなど、外で遊ぶものもあります。どれも中国から伝わったとされ、江戸時代に一般に広がりました。凧は子どもの成長や豊作などを願う行事として揚げる風習もあります。羽根突きは、厄《やく》除《よ》けや病気除けになるとされる遊び。打ち損なうと顔に墨を塗る習わしもありました。

なつの あそび

なつやすみに
はなびたいかいが あったんだ。
おおきな おとと きれいな はなびが
おもいでに なったよ。

おうちのかたへ

花火は、中国で発明された黒色火薬をもとにしてつくられました。現在の打ち上げ花火は色とりどりで美しいものですが、もとは単色でした。カラフルな花火は、花火の玉を割るための火薬に加え、燃えたときの色が異なる火薬を組み合わせてしこみます。その配置の仕方で様々な花火の色や形となります。花火の玉は今でも花火師によってひとつひとつ手作りされています。子どもたちが遊ぶ花火はおもちゃ花火といい、少ない火薬でできています。線香花火は、こよりに火薬を包み込んでつくります。おもちゃ花火には、手に持って遊ぶ手持ち花火や、ねずみ花火のような仕掛け花火、ロケット花火などがあります。

なつの よるには はなびを
みたり したりして あそびます。

にほんの いろいろな おもちゃ

ぼくの おきにいりの たいこの おもちゃは、ひとつひとつ てづくりしている ひとが いるんだって。

いぬはりこ

かみで できた いぬの にんぎょう。まよけや えんぎものと して かざられる ことも あります。

うそ

きの にんぎょうです。かみさまの つかいと される、うそと いう とりが きに とまった すがたを して います。

おきあがりこぼし

たおれても すぐ おきあがる ことから、えんぎが いいと される にんぎょうです。

きじうま

きを けずったり ほったりして つくる、くるまの ついた おもちゃです。きじと いう とりの かたちを して います。

たいぐるま

たいが のった だいしゃの おもちゃ。だいしゃを うごかすと、しっぽが うごきます。

こめくいねずみ

きと たけで つくられた ねずみの おもちゃ。こめを たべて いるように うごきます。

こけし

まるい あたまと つつの かたちの どうたいだけの にんぎょう。きを ほったり けずったりして つくられます。

でんでんだいこ

ぼうを まわすと、いとに ぶらさがった まめが かみで できた たいこを うちます。

たけのなりごま

たけで つくられた こま。あなが あいていて、まわすと ボーッ《ぼーっ》と おとが なります。

はとぶえ

きを けずって つくる、はとの かたちの ふえです。しっぽから いきを ふくと、ホーッ《ほーっ》と なります。

はとぐるま

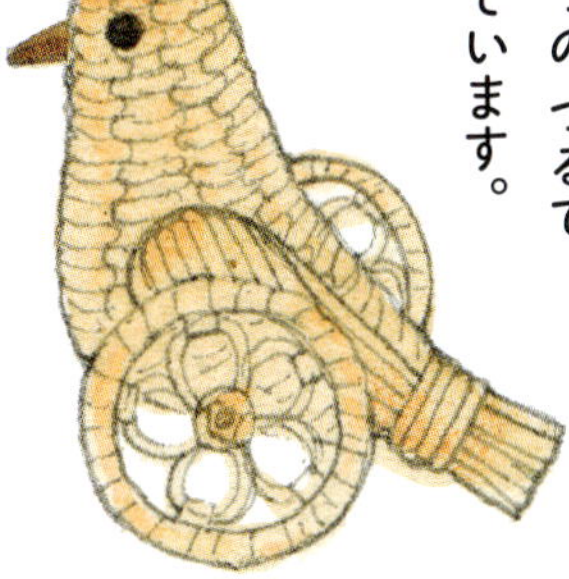

くるまの ついた、はとの おもちゃです。アケビ《あけび》と いう しょくぶつの つるで できています。

ふきもどし

かみで できています。いきを ふくと、まいて あった かみが いきおいよく のびます。

おうちのかたへ

日本各地で古くからつくられ、その土地で親しまれてきたおもちゃは、総称して郷土玩具《きょうどがんぐ》といいます。土地の風習や信仰などに結びついた手作りの素朴なもので、子どもの遊び道具だけでなく、魔除《まよ》けや、お守りとされるものも多くあります。材料となるのは、木や竹、わら、植物のつる、紙、糸、布、土など。土地ごとに手に入りやすい材料を使ってつくられています。張り子は、粘土や木の型、または竹などを組んだ枠に和紙を幾重にも重ねて張っていき、中の型や枠を取り除いたものです。

ことばを　つかった　あそび

いいにくい　ことばを　いったり、
ことばを　つづけたりする　あそびが　あるよ。

はやくちことば

こえに　だして　よみましょう。
まちがえずに　よめますか。

なまむぎ　なまごめ
なまたまご
（3かい　くりかえす）

あかまきがみ　あおまきがみ
きまきがみ
（3かい　くりかえす）

かえる　ぴょこ　ぴょこ
みぴょこ　ぴょこ
あわせて　ぴょこ　ぴょこ
むぴょこ　ぴょこ

しりとり

りんご↓ごりら↓らっぱ↓ぱ…

まえの　ことばの　おわりの　おとで
はじまる　ことばを　つづけます。
まえに　でた　ことばや、
「ん」で　おわる　ことばを　いったら　まけです。

なぞなぞ

とっても
とっても
へらない　ものは
なんでしょう。

めが　3つ
あしが　1ぽんの
おばけは
なんでしょう。

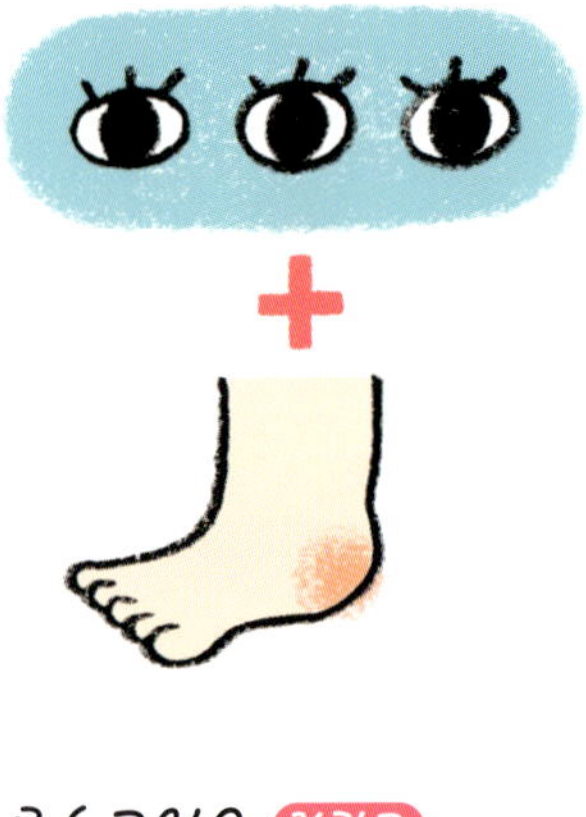

こたえ　すもう

こたえ　しんごうき

6 にほんの ぎょうじ

きょうは おまつり。
おおきな おみこしに むかって、
わっしょい！ と
かけごえを かけたよ。

たんじょうの おいわい

わたしに おとうとが できたの。
ちいさくて、かわいいよ。
うまれて なのかめだから
しんせきも あつまって
おいわいを するんだって。

ぶじに うまれた ことを いわい、
けんこうに そだつ ことを いのります。

おしちや

なのか ころ

なまえを つけたり、
つけた なまえを
しんせきなどに
しらせたりします。

はつみやまいり

1かげつ ころ

じんじゃに いって、
かみさまに はじめて
ごあいさつを します。

おくいぞめ

おとなと おなじ ごはんを たべる まねを します。

100にち ころ

じんじゃ

かみさまが いらっしゃる ばしょです。

しめなわ
こまいぬ
かんぬし
みこ
とりい
じんじゃの いりぐち

おうちのかたへ

子どもが生まれると、節目節目にお祝いをして成長を喜びます。生まれてすぐに子どもが亡くなることの多かった時代、お七《しち》夜《や》は成長を確認する折り目でもありました。初宮参《はつみやまい》りは、生まれた土地の守り神に初めて参拝し、土地の一員として認めてもらう行事です。生後30日前後に父方の祖母が子どもを抱いて参詣するのが一般的です。お食《く》い初《ぞ》めは平安時代に貴族の間で行われた行事から続くもので、箸立てや箸《はし》初《ぞ》めともいいます。いずれの行事も、地域の慣例や男女の別などにより諸説あります。

初宮参りや初詣でなどでは神社に参拝します。しめ縄は神聖な場所を区切るしるし、狛犬《こまいぬ》は魔《ま》除《よ》けとされます。

せっく

おひなさまを ならべたよ。
おかあさんが かざって くれた
ももの はなが
とっても きれいだね。

せっくは、きせつの
かわりめの おいわいを
する ひです。

ななくさ

1/7
いちがつ
なのか

ももの せっく

ひなまつり

3/3
さんがつ
みっか

ひなまつりは
おんなのこの
しあわせを
いのる ひです。

たなばた

7/7
しちがつ
なのか

たんごの せっく
こどものひ

5/5 ごがつ いつか

こどもが げんきに たくましく そだつように いのる ひです。

ちょうよう
きくの せっく

9/9 くがつ ここのか

おうちのかたへ

節供《せっく》（句）とは季節の変わり目の祝いの日（節日《せちにち》）に用意する供物《くもつ》を指す言葉です。陰陽道《おんようどう》の、奇数を陽《よう》、偶数を陰《いん》とし、奇数が重なる日に季節の植物を用いて邪気を祓《はら》うという習わしから来ています。江戸時代には、1月7日の人日《じんじつ》（七草）、3月3日の上巳《じょうし》（桃）、5月5日の端午《たんご》（菖蒲《しょうぶ》）、7月7日の七夕《しちせき》、9月9日の重陽《ちょうよう》（菊）が五節供として定められました。

節供には特別の料理を食べ（→36ページ）、また、上巳には紙の人形で体をなでて穢《けが》れを移し川に流したり、端午には菖蒲湯に入ったりすることで厄災を祓います。七夕《たなばた》は中国の伝説と乞巧奠《きっこうでん》という行事に、日本古来の信仰が結びついたものです。

せいちょうの おいわい

ことしは、きょうだい みんなで
しちごさんの おいわいを するよ。
いもうとは、はじめて
きものを きて、うれしそう。

しちごさん

→76ページ

せいちょうを いわう
ぎょうじです。
おんなのこは
3さいと 7さい、
おとこのこは
3さいと 5さいの
ときに おいわいします。

せいじんしき

↓78ページ

おとなの なかまいりを した ことを いわう ひです。

げんぷく・かみあげ

むかしは、15さいくらいに なると、おとなの なかまいりを したと して、おとこのこは「げんぷく」、おんなのこは「かみあげ」と いう ぎしきを しました。

かみあげ
はじめて かみの けを ゆいます。

げんぷく
はじめて おとなと おなじ ふくを きて、えぼしなどを かぶります。

おうちのかたへ

「七つ前は神のうち」という言葉があるように、日本の古い社会では、7歳になって初めて地域社会の一員になると考えられていました。その成長段階の通過儀礼として、七五三は発達してきました。起源は、貴族や武士の間で行われていた髪置《かみおき》・袴着《はかまぎ》・帯解《おびとき》などとされています（↓76ページ）。

成人になったことを示す儀式も古くから行われていました。元服《げんぷく》は、それまで頭頂をあらわにし、童《わらわ》とよばれていた11～16歳の男子が、初めて冠をかぶり、服装を大人のものに改める儀式です。女子は12～14歳頃、または結婚が決まったときに髪上《かみあげ》や裳着《もぎ》の儀式を行いました（↓79ページ）。

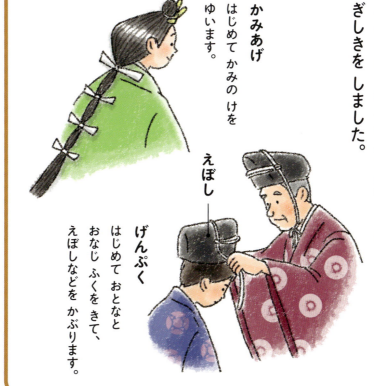

けっこんしき

きれいな はなよめさんと、
きものを きた ひとたちが
うれしそうに ならんで
あるいていくのを みたよ。
どこに いくのかな？

にほんでは、けっこんして
ふうふに なる とき、かみさまの
まえで ちかう ことが おおいです。
じんじゃなどで おこないます。

いろいろな けっこんしき

かぞくや ともだちなど、したしい ひとの まえで けっこんを ちかう ことも あります。

はなよめ
はなむこ

はなよめ
はなむこ
みこ
かんぬし

おうちのかたへ

結婚式らしい儀式は平安時代頃から行われるようになったとされます。その頃は妻方が婿《むこ》を認める婿入り婚でした。鎌倉時代になり武家が登場すると、父権性が成熟していき、嫁入り式の婚姻が定着して他の階級にも広がりました。そして、家同士の結びつきが重視されるようになりました。

式場などがなかった頃、結婚式は自宅で行われていました。部屋を仕切る戸を外して広間をつくり、お膳を並べて親類や近隣の人を招きました。神前式は、明治33年に当時皇太子であった大正天皇のご成婚の儀以降、一般に普及したとされます。現在では、仏前式やキリスト教式、人前式などが行われます。

ながいきの おいわい

おじいちゃん、ことしは「こき」の おいわいだね。これからも ずっと げんきに ながいきしてね。

61さい

かんれき

うまれなおして さらに ながいきが できるようにと、あかちゃんのように あかい ものを みに つけます。

70さい

こき

77さい

きじゅ

おうちのかたへ

還暦は、60年で干支がひと回りして、再び生まれた年の干支に還ることから、数え年61歳（満60歳）のことをいいます。干支は十干《じっかん》（甲《きのえ》・乙《きのと》・丙《ひのえ》・丁《ひのと》・戊《つちのえ》・己《つちのと》・庚《かのえ》・辛《かのと》・壬《みずのえ》・癸《みずのと》）と十二支を組み合わせたもの。甲子《きのえね》・乙丑《きのとうし》・丙寅《ひのえとら》・丁卯《ひのとう》……など、全部で60通りの組み合わせがあります。

古稀《こき》は、中国唐代の詩人・杜甫《とほ》の詩にある「人生七十古来稀《じんせいしちじゅうこらいまれなり》」に由来する祝いです。喜寿《きじゅ》は喜の草書体「㐂」が七十七に、傘寿《さんじゅ》は「傘」の略字体「仐」が八十に、米寿《べいじゅ》は「米」が八十八に、卒寿《そつじゅ》は卒の略字体「卆」が九十に分解できることからきています。白寿《はくじゅ》は百から一をとると白になるためです。

ごせんぞへの おまいり

おてらに いって、
おはかに おまいりしたよ。
きれいに そうじも したし、
おぼうさんの おきょうも、
きちんと きいて いられたよ。

そうしき

なくなった ひとの いえや てらなどで、
おぼうさんに おきょうを あげてもらって、
なくなった ひとに おわかれを します。

おぼうさん

てら

ほとけさまに いのったり、
しゅぎょうを したりする ところです。

ほんどう
ぶつぞう
さんもん
てらの いりぐち
おぼうさん
はか

ぼん

ぼんには、なくなった ひとの たましいが
かえってくると かんがえられています。
はかや ぶつだんに おまいりします。

はかまいりは はるや あきの ひがんの じきにも する ことが あります。

ぶつだんには、
きゅうりで つくった うまや
なすで つくった うしを
かざります。

なくなった ひとの たましいが のる のりものと かんがえられています。

ぼんの はじめの ひには むかえび、
おわりの ひには
おくりびを たきます。

おうちのかたへ

現在は葬儀場や葬祭業者がありますが、かつては自宅で葬儀を行うことが多く、親類縁者や近隣の人、葬式組など相互扶助の仕組みをもつ地域集団が全てを取り仕切っていました。
葬儀には仏式や神式などがありますが、日本では多くが仏式で行われます。宗派により方法はそれぞれありますが、葬儀の後には、法要や春・秋の彼岸、盆などに仏壇や墓にお供えをしたり、お参りをしたりして祖先の供養をします。
寺は、仏像を安置し、僧や尼がそこに住んで、仏事や仏道の修行を行う建物です。先祖の墓や位牌《いはい》を置き、葬式や法事などを依頼する寺のことを菩提寺《ぼだいじ》や檀那寺《だんなでら》といいます。

しんねんの おいわい

あけまして おめでとう！
としが あけたから
はつもうでに いってくるよ。
なにを おいのりしようかな？

はつもうで

あたらしい としの はじまりには、
じんじゃや てらに おまいりを します。

おまいりの しかた

しずかに さいせんばこの
まえに たちます。

さいせんを
やさしく いれます。

2かい ふかく
れいを します。

2かい
てを うち、
おいのりを します。

ふかく れいを
します。

しょうがつは、
みんなで ゆっくり
すごします。
しめかざり
ねんがじょう
かどまつ
ぞうに
おとそ
かがみもち
おせちりょうり
おとしだま

としの おわり

としの おわりには、あたらしい
としを むかえる ために、
おおそうじを します。

としこしそばを
たべたり、
じょやの かねを
きいたりして、
いちねんの
おわりを
すごします。

おうちのかたへ

正月には各家庭で年神様《としがみさま》を迎え、祝います。そのために、昔は12月13日を正月事始めの日とし、すす払いから準備を始めました。邪気を防ぐしめ飾り、年神様への目印となる門松、年神様への供え物の鏡餅などは、28日までに飾るのがよいとされ、29日に飾るのは「苦松《くまつ》」、31日に飾るのは「一夜飾り」といわれ、避けるべきとされています。

大晦日《おおみそか》の夜には年越しそばなどを食べ、家族そろって新年を迎えます。大晦日の夜から年をまたいで初詣をすることもあり「二年参り」とよばれます。神社では手水舎《ちょうずや》で手や口を清め、拝殿前で賽銭《さいせん》を入れ、鈴を鳴らし、「二拝二拍手一拝」の作法でお参りをします。

まつり

たくさんの ひとの こえや
たいこや ふえの おとで、
まつりの ひの まちは
とっても にぎやかだね。
あっ、みこしが やってきたよ！

にほんには たくさんの
まつりが あります。
みこしと だしは、
かみさまを のせる ものです。
まつりでは いちねんの
しあわせや さくもつが
たくさん とれるようにと
おいのりを します。

おうちのかたへ

春祭りは豊作や豊漁祈願《ほうりょうきがん》、夏祭りは疫病や虫害・風水害などの厄除《やくよ》け、祖先の慰霊《いれい》、秋祭りは収穫感謝など、年間を通して様々な目的で祭りが行われます。祭りで見られる神輿《みこし》は、神霊《しんれい》の乗り物として担ぐもの。形は四角や六角、八角のものがあり、屋根の上には想像上の霊鳥である鳳凰《ほうおう》や、めでたい飾りとされる葱花《そうか》を置きます。引き綱を引いたり車に乗せたりして練り歩く山車《だし》は、山笠《やまがさ》・山鉾《やまぼこ》・だんじり・曳山《ひきやま》・屋台《やたい》などともよばれます。山車の上で歌舞伎《かぶき》などを演じるものもあります。

また、祭りでは神楽《かぐら》（→152ページ）や相撲《すもう》（→160ページ）などの奉納が行われることもあります。

にほんの いろいろな ぎょうじ

いろいろな ところで、
いろいろな ぎょうじが
あるんだね。
みてみたいな。

おんばしらまつり

おおきな きの はしらを、おおぜいで じんじゃまで はこぶ、7ねんに 1どの まつりです。

（長野県諏訪大社）

かぜのぼん

なつの おわりに おこなわれる まつり。かさを かぶった ひとたちが まちを おどりあるきます。

（富山市八尾町）

ぎおんまつり

7がつの 1かげつかん おこなわれる まつり。「やま」と「ほこ」と いう 2しゅるいの おおきな だしが、まちじゅうを すすみます。

（京都八坂神社）

さんじゃまつり

100きの みこしが でる まつりです。「オイヤ《おいや》」と かけごえを かけながら みこしを かつぎます。

（東京浅草神社）

チャグチャグ《ちゃぐちゃぐ》うまこ

うまの けんこうを いのる まつりです。きれいに かざりつけた うまと こうしんします。

（岩手県滝沢市）

てんじんまつり

なつに おこなわれる まつり。みこしを ふねに のせて、かわの うえを いきかいます。

（大阪北野天満宮）

ながさきくんち

あきに おこなわれる まつり。おどりや まんざいなどの いろいろな だしものが みられます。

（長崎県長崎市）

ながはまひきやままつり

はるの まつり。ひきやまと いう だしの うえで こどもたちが かぶき（➡144ページ）を えんじます。

（滋賀県長浜市）

ねぷたまつり

なつの よるに、むしゃや おひめさまなどの えが かかれた おおきな とうろうを ひきます。「ラッセラー《らっせらー》」と かけごえを かけながら すすみます。

（青森県弘前市）

なまはげ

おおみそかに、しあわせを はこぶと いう おにたちが いえいえを まわります。

（秋田県男鹿半島など）

はかたぎおんやまがさ

みこしを かついだ ひとと それを かこむ 500にん いじょうの ひとが、まちを はしりぬけます。

（福岡市博多区）

おうちのかたへ

御柱祭《おんばしらまつり》は寅年と申年の春に山から諏訪大社《すわたいしゃ》に建てる柱を運ぶ祭りです。風《かぜ》の盆《ぼん》は二百十日（立春から210日目）頃に風神鎮魂《ふうじんちんこん》と豊作を祈願し、編み笠姿で踊ります。京都の祇園祭《ぎおんまつり》、大阪の天神祭《てんじんまつり》は千年以上の歴史がある祭り。チャグチャグ馬コは田植え後の農耕馬をねぎらい息災《そくさい》を祈る行事です。長浜曳山《ながはまひきやま》まつりは大きな曳山（山車《だし》）の舞台が見どころ。長崎くんちの「くんち」は旧暦の9月9日に行われたことに由来します。博多や唐津のものもよく知られます。博多祇園山笠《はかたぎおんやまがさ》も長く続く祇園祭です。

ぎょうじから うまれた ことば

いちねんの あいだに ある ぎょうじの ようすから うまれた ことばが あるよ。

いちねんの けいは がんたんに あり

あたらしい としが はじまる １がつ ついたちの あさに、その としの けいかくを たてると よいと いう こと。

あつさ さむさも ひがんまで

なつの あつさは あきの ひがんまで、ふゆの さむさも はるの ひがんまでで、その あとは すごしやすく なると いう こと。

ひがん ➡133ページ

ぼんと しょうがつが いっしょに きたよう

ぼん（➡133ページ）や しょうがつ（➡134ページ）のように いそがしいと いう こと。うれしい ことが いくつも あると いう ことの たとえ。

まつりの あとの しずけさ

まつり（➡136ページ）が おわったかのように、もりあがっていた きもちが きゅうに さめた ようすの たとえ。

あとの まつり

おわってから かんがえたり じゅんびを したりしても、もう おそいと いう ことの たとえ。

7
にほんの げいのう

おとうさんに らくごに
つれていってもらったよ。
ぼくも ぶたいの うえで
おしゃべりしてみたいな。

らくご

はじめて らくごに
つれてきてもらったよ。
らくごかさんの おはなしが
おもしろくて わらっちゃった。

ぶたいの うえで
ひとりで はなしを して、
きゃくを たのしませます。
らくごか（はなしか）
じゅげむ じゅげむ
ごこうの すりきれ
かいじゃり
すいぎょの……
ざぶとん
せんす
こうざ
さじきせき

その どうちゅうの
ようきな こと……
かみがたらくご
つかう どうぐが ちがったり、
とちゅうで おんがくが はいる
はなしが あります。
こびょうし
ひざかくし
けんだい

めくり

らくごの しぐさ

てや かおの うごき、せんすや てぬぐいなどで いろいろな えんぎを します。

● とを たたく

トントン《とんとん》
おーい、いるか

● そばを たべる

ズズーッ《ずずーっ》

せんすを はしのように つかいます。

● ほんを よむ

てぬぐいで ほんを あらわします。

おうちのかたへ

落語は寄席《よせ》で行われる演芸のひとつです。終わりに落ちがつく話ということから「落とし噺《ばなし》」といわれるようになり、後に「落語」と当てられるようになりました。しゃれなどで笑わせる話のしめくくりを「落ち」または「下げ《さ》」とよびます。落語家（噺家《はなしか》）は一人で複数の役を、表情としぐさ、扇子と手ぬぐいのみで演じます。

寄席は、人寄せ場という意味で、江戸時代の江戸で常設されるようになりました。落語のほかにも、講談や浪曲などが行われる庶民の娯楽場として親しまれました。一日の興行の最後（切り）に大勢の演者で特別に行う出し物を「大喜利《おおぎり》」と呼びます。

かぶき

かぶきは、うたや おどりを とりいれた はなやかな げきです。

やくしゃの よそおい

やくの みぶんや、せいかくに あわせた いしょうを きたり、けしょうを したりします。

やくしゃは おとこのひとだけです。おんなのひとの やくも、おとこのひとが えんじます。

かっこいい おけしょうを した やくしゃさんが、ぼくの めのまえで ポーズ《ぽーず》を きめてくれたよ！ はくりょくが あるね。

しもて
まわりぶたい
やくしゃ
ますせき
すっぽん
やくしゃがしたからでてくるしかけです。
はなみち

みえを きる

だいじな ばめんでは、きゃくに よく みえるように、やくしゃが ポーズ《ぽーず》を とって とまります。

おうちのかたへ

歌舞伎《かぶき》は、今から400年ほど前の江戸時代前期に出雲阿国《いずものおくに》が「かぶきおどり」を踊ったことから始まります。当時の都で流行った奇抜な服装をした傾《かぶ》き者の風俗を取り入れ、歌や踊り、劇を見せたとされています。これが後に様式化し、歌と踊りと劇の総合芸術として発展しました。江戸時代には庶民の娯楽として広がり、「見得を切る」のほかにも「千両役者」など、歌舞伎にまつわる言葉が生活に根づきました（→158ページ）。

舞台には様々な仕掛けがあり、中央が回るようになっていることで別の場面に転換させたり、下から舞台装置が出てきたり、花道のすっぽんから役者が登場したりすることもあります。

にんぎょう じょうるり（ぶんらく）

ぶたいでは にんぎょうが おどったり、おこったり、まるで いきているみたいだよ。どうやって うごいているのかな。

かみて
たゆう
しゃみせん
ゆか

にんぎょうじょうるりは、じょうるりと いう おんがくと にんぎょうげきが ひとつに なった ものです。

にんぎょうつかい

ひとつの にんぎょうを 3にんの にんぎょうつかいが うごかします。ぜんしん くろい すがたの ひとは くろごと いいます。

↓88ページ

ひだりづかい
ひだりてを うごかします。
おもづかい
あたまと みぎてを うごかします。くろごの すがたで でる ことも あります。
あしづかい
あしを うごかします。

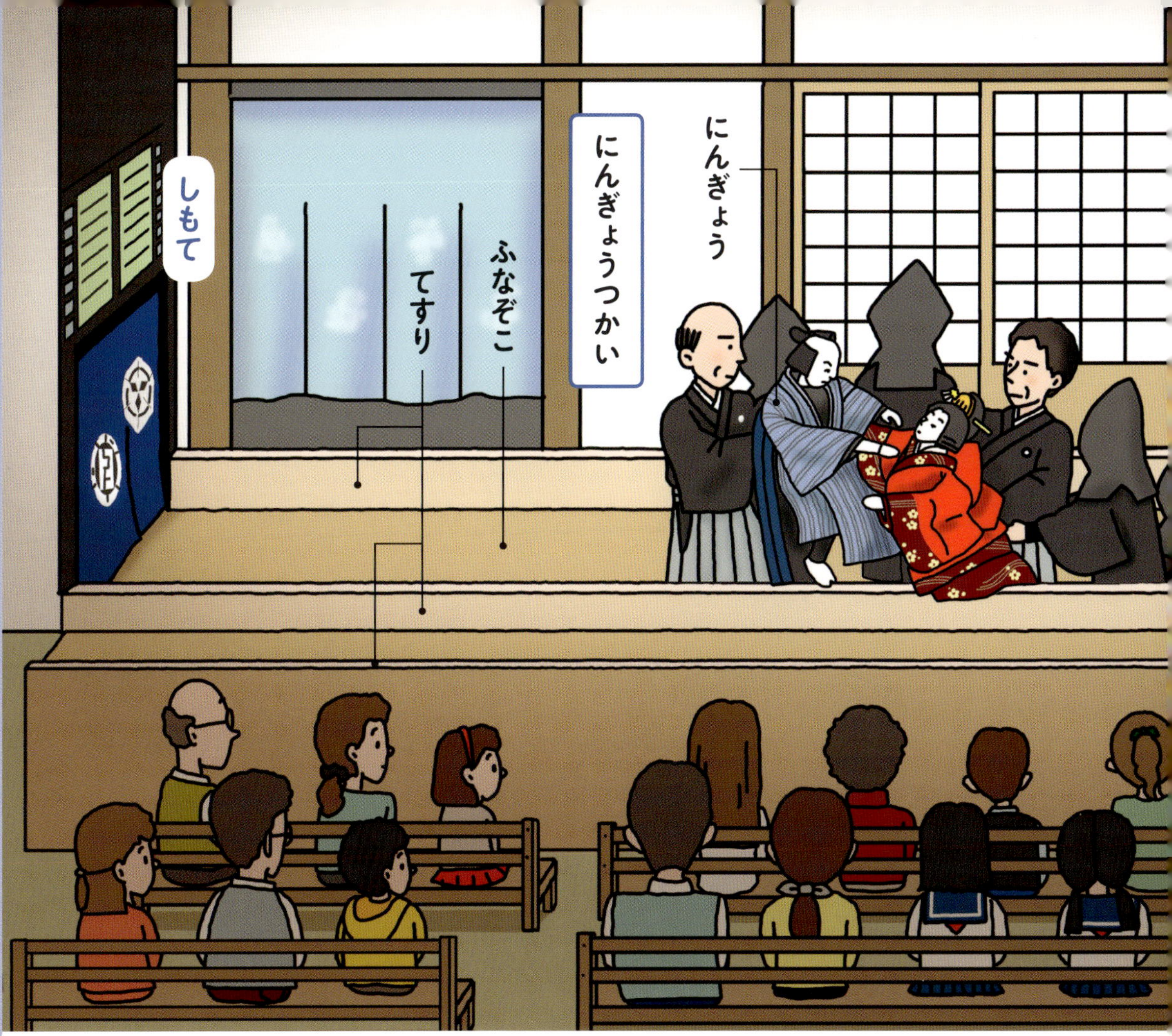
にんぎょう
にんぎょうつかい
ふなぞこ
てすり
しもて

にんぎょう

からだに、あたまや て、あしを くみあわせます。

かしら
ひだりては ぼうで うごかします。

かしらの しかけ

めと まゆげが うごいて、ひょうじょうが かわります。

めと くちが うごいて、おんなのひとが おにに かわります。

おうちの かたへ

室町時代後期におこった浄瑠璃《じょうるり》が、後に人形芝居と結びつき、人形浄瑠璃《にんぎょうじょうるり》が生まれました。近松門左衛門《ちかまつもんざえもん》らによる名作が数多く生まれ、大変な人気を博しました。しかし、歌舞伎《かぶき》（→144ページ）が娯楽として発展すると、その熱も冷め、専門劇場は文楽《ぶんらく》座《ざ》のみとなり、この芸能を「文楽」ともよぶようになりました。

舞台は、手前から二つめの手すりの後ろに一段低くなった船《ふな》底《ぞこ》という場所があり、そこで人形遣いが人形を操ります。これにより客席からは人形の足から下が見えず、人形が舞台の上を動いているように見えます。向かって右側（上手《かみて》）に三味線と、台詞や語りを担当する太夫《たゆう》が座ります。

のう・きょうげん

のうを みにいってきたよ。
ぶたいの うえの ひとの
きているものが
とっても きれいだったよ。

のうと きょうげんは、
もともと ひとつの ものでした。
れきしの とちゅうで、
くべつされるように なりました。
のうや きょうげんを えんじる
ぶたいは、のうぶたいと いいます。

のうは、
まいや うた、
おんがくが
あわさった
ものです。

きょうげん

きょうげんは、せりふちゅうしんの ものです。2～3にんで おもしろおかしいはなしを します。

シテ《して》（しゅじんこう）
アド《あど》（あいてやく）
こうけん

はしがかり
あげまく
しらす

おうちのかたへ

曲芸や物真似など余興的なものを散楽《さんがく》といいました。後に舞踊や寸劇などの要素を取り入れ猿楽《さるがく》として独立し、やがて演劇の色を強めて猿楽能と狂言が成立します。

室町時代初期には、観阿弥《かんあみ》とその子の世阿弥《ぜあみ》が能をさらに洗練させ、現在のような形式となりました。シテは面《おもて》をつけ、囃《はや》子《し》に合わせて謡《うたい》をうたいながら舞います。謡は七五調の詩歌《しいか》で、登場人物がうたうときと、地謡《じうたい》が合唱するときがあります。

狂言は猿楽の滑稽な芸能としての部分から発展しました。少人数の出演者で言葉のやり取りをしながら、人間社会の様々な場面を皮肉や誇張で笑いにし、生き生きと描き出します。

のうと きょうげんの よそおい

おじいさんのような おめんや
ちょっと こわい かおの おめん。
おおきな くちの あの おめんは
なんの やくなんだろう。

のうの よそおい

ぶしょうの やく

てんにょの やく

おもて（のうめん）

のうでは、おもてを つけます。

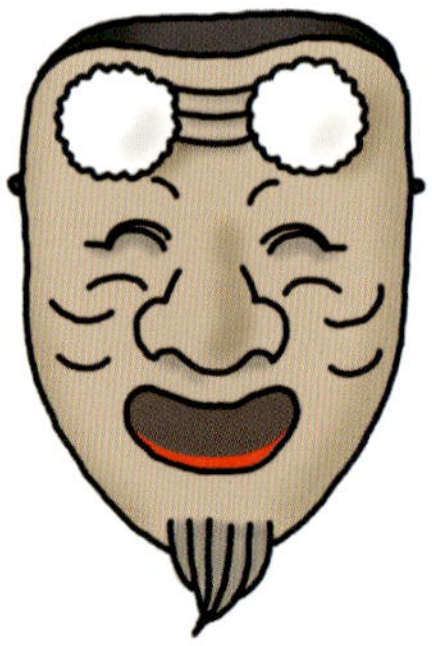

かみさまの やく

おじいさんの やく

わかい おとこの ひとの やく

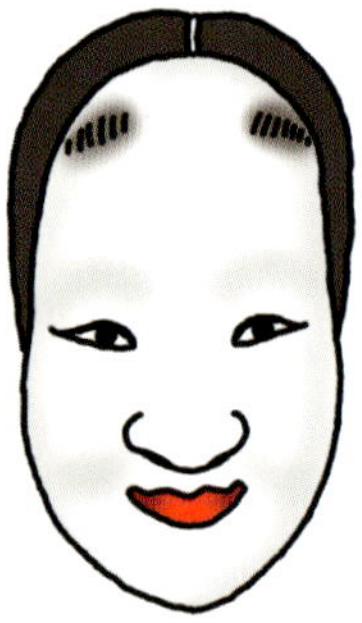

おんなの ひとの やく

ゆうれいの やく

おにや どうぶつの れいの やく

きょうげんの よそおい

たろうかじゃ（おともの おとこのひと）の やく

かたぎぬ
たてと よこの せんが はいった きもの
みじかい はかま

えらい おとこのひとの やく

しまもようの きもの
ながい はかま

おんなのひとの やく

おとこのひとが えんじます。

ながくて しろい ぬのが、ながい かみの けを あらわします。

おもて

ふだんは おもては つけませんが、おにや かみさまなど そのままでは えんじられない やくの ときだけ つけます。

おにの やく

きつねの やく

おうちの かたへ

能や狂言の衣装は「装束《しょうぞく》」といいます。能も狂言も、役柄により装束や面《おもて》が決まっています。能のシテはほとんどの登場人物が面をつけますが、狂言は基本的には素顔（直面《ひためん》）です。

能の装束は、室町時代の上流階級の風俗を伝える優雅できらびやかな着物です。狂言は、太郎冠者《たろうかじゃ》は庶民の着物を派手にしたもの、主人や長者の役では豪華な着物と分けられています。

能も狂言も、役により扇の図柄が違います。

能に用いられる面は200種以上あるとされ、老人・白髪の老人・若い女性・男性・怨霊・鬼神などがあります。高度な工芸品で、室町時代後期には現在の形に近いものになりました。

かぐら・ししまい・にほんぶよう

おまつりに いった とき、
ししまいを みたよ。
すこし こわかったけど、
ししに あたまを かんでもらったよ。

かぐら

じんじゃなどで、
まつりの ときなどに
おこなう うたや
まいです。
はなやかな いしょうで
おこないます。

ししまい

しょうがつや、 はると あきの
まつりの ときなどに えんじます。
びょうきに ならないように、
わるい ことが おきないようにと、
いのりを こめます。

にほんぶよう

うつくしさを たのしむ ための おどりです。 いろいろな おんがくや おどりかたが あります。

ししに あたまを かまれると、まよけに なると いわれています。

おうちのかたへ

神楽《かぐら》は祭りなどで奉納される舞や囃子《はやし》のことです。猿楽《さるがく》や田楽《でんがく》（農耕行事から発生した歌や舞）の要素を取り入れて、各地で発展し、伝承されています。夜神楽など、民俗芸能として伝わっているものもあります（→157ページ）。

獅子舞《ししまい》で頭に頂く獅子頭《ししがしら》は、神の仮の姿を表したものとされます。五穀豊穣《ごこくほうじょう》や無病息災を願い、一人で舞うもの、前脚と後ろ脚に一人ずつ位置して踊るものなどがあります。

日本舞踊は、江戸に歌舞伎《かぶき》から独立し発展した歌舞伎舞踊や、京都でおこった能の舞の流れをくむ上方舞《かみがたまい》などを総称したもの。多くの流派があり、今も伝えられています。

にほんの がっき

きれいな ふえの おとや、
ちからづよい たいこの
おとが きこえてきたよ。
おまつりの だしが
ちかづいてきたんだ。

ふく がっき

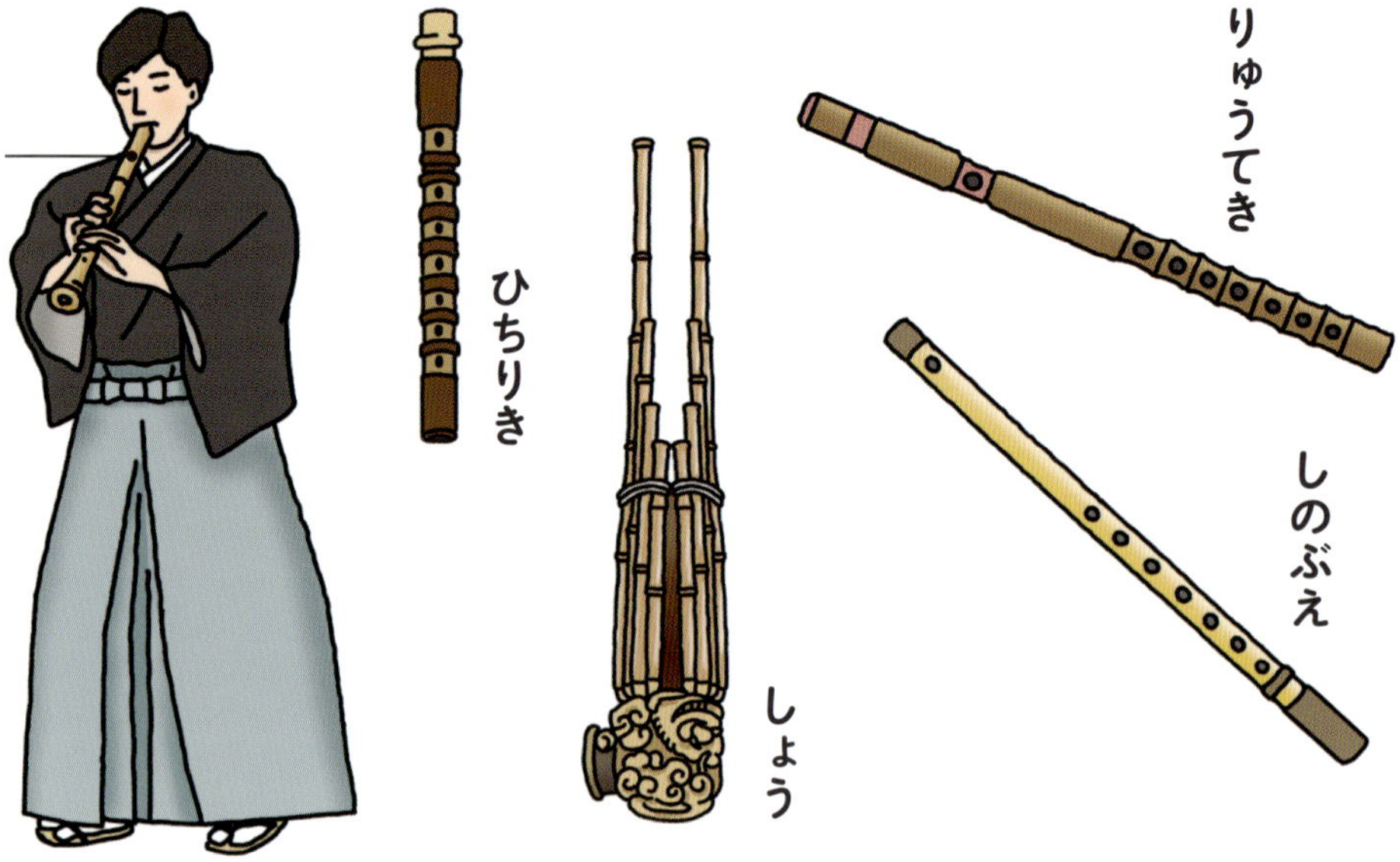

りゅうてき
しのぶえ
しょう
ひちりき
しゃくはち

ひく がっき

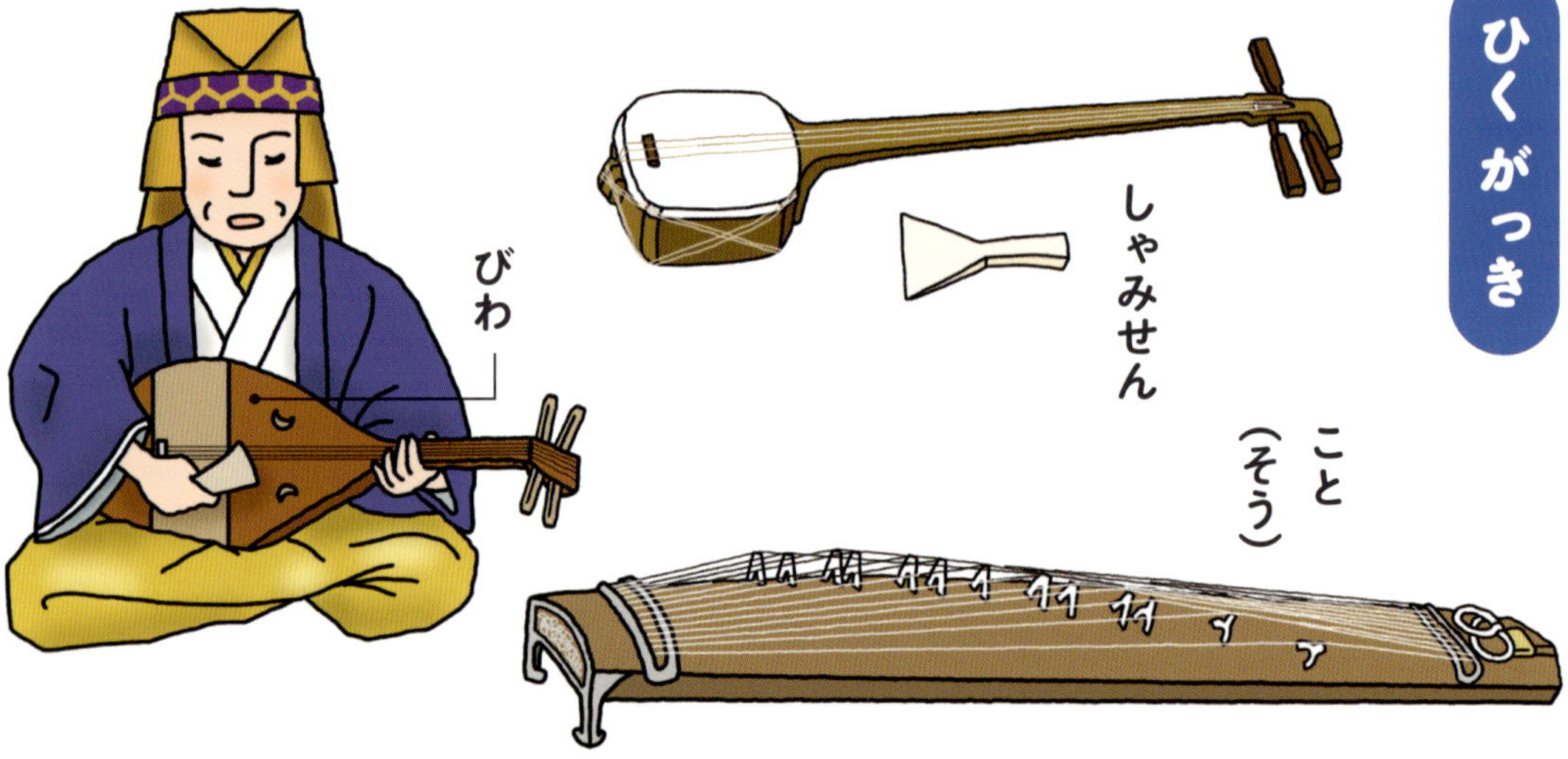

しゃみせん
こと
（そう）
びわ

うつ がっき

しめだいこ

つづみ

ちいさい ものや
おおきい ものが
あります。

ががく

にほんで いちばん ふるい おんがくが ががくです。
にほんの でんとうの がっきを つかって えんそうします。

にほんの うた

みんようや わらべうた（↓98ページ）は せいかつの なかで たいせつに うたいつがれてきた うたです。

おうちの かたへ

154ページに示した楽器を総称して和楽器といいます。能や歌舞伎《かぶき》、人形浄瑠璃《にんぎょうじょうるり》などの伝統芸能においても重要な役割を担います。それぞれの楽器は、雛飾《ひなかざ》りの五人囃子《ごにんばやし》や、祭りの囃子《はやし》、神前結婚式などで見覚えがあるかもしれません。

　雅楽《ががく》は、日本古来の音楽と大陸伝来の儀式の音楽が結びついて、奈良時代から平安時代に発達しました。宮中や寺社の儀式などで行われ、今も宮内庁の楽部を中心に伝承されています。

　民謡は、庶民の日常生活のなかから自然に生まれ、口伝えで歌い継がれてきたものです。郷土に根づいた、仕事歌や祝い歌、子守歌や盆踊りの歌などがあります（↓156ページ）。

にほんの いろいろな げいのう

おもしろい がっきを つかったり、
かっこいい おめんを つけたり、
いろんな おどりが あるんだね。
ぼくも おどってみたいな。

くみおどり

むかしの おきなわけんの おんがくや ことばで えんじる げきです。

（沖縄県）

こきりこぶし

にほんいち ふるい みんようと いわれています。 ささらと いう がっきを もって おどります。

までの さんさは
でれこでん
はれの さんさも
でれこでん

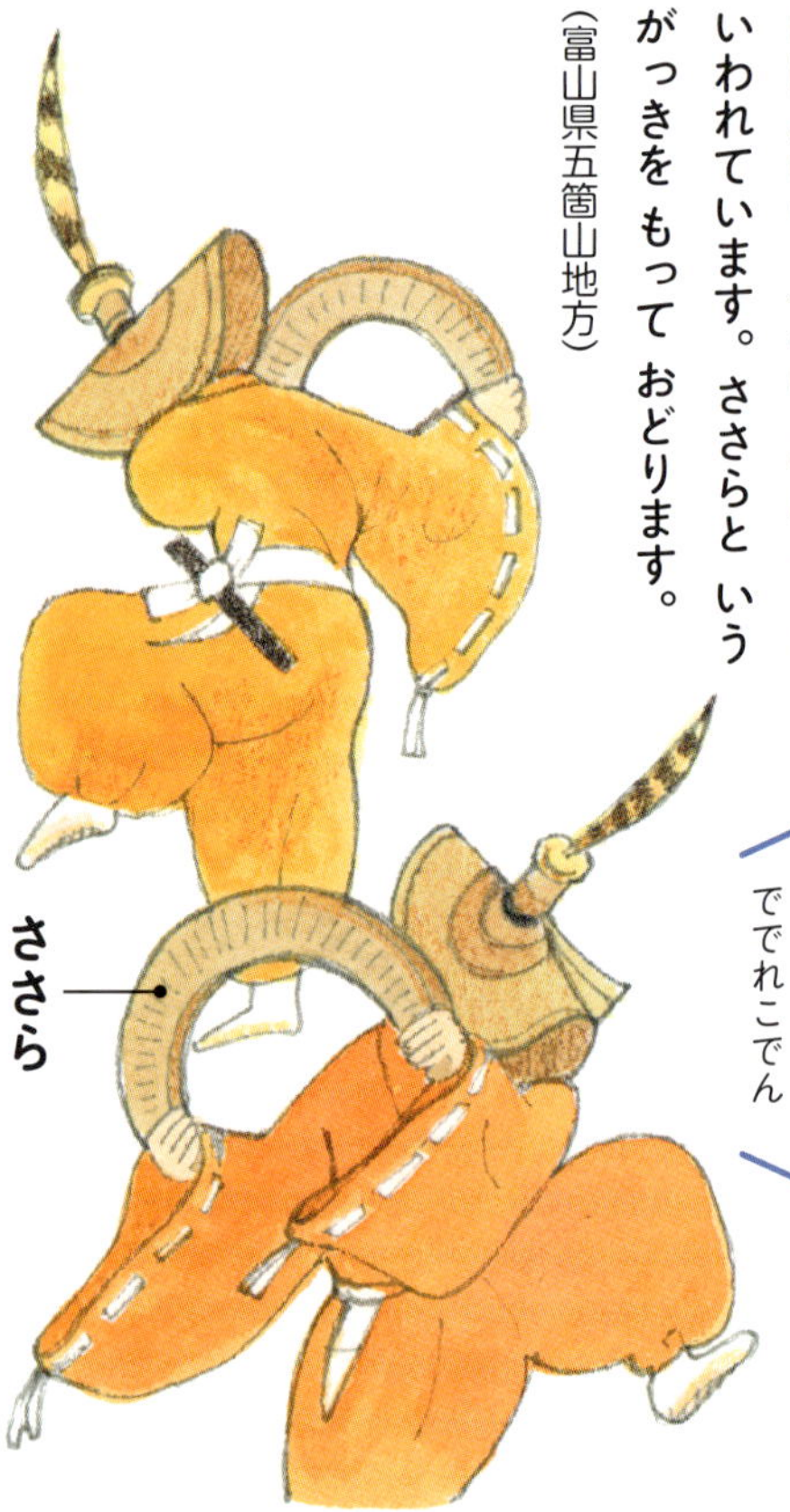

（富山県五箇山地方）

だいにちどうぶがく

あきたけんの だいにちどうと いう じんじゃで、しょうがつに へいわや けんこう、ほうさくを いのって おどります。

（秋田県鹿角市大日堂）

はなたうえ

こめなどが よく とれるように いのる おどり。 たうえの ようすを おどりに しています。

（中国地方山間部）

たんこうぶし

むかし せきたんを ほる ひとびとが うたった うたです。いまでは ぼんおどりなどで おどられます。

つきが でた でた

（福岡県）

とうろうおどり

よへほぶしと いう うたに あわせて おんなのひとたちが おどります。あたまに かみで できた とうろうを のせます。

とうろう
よへほ
よへほ

（熊本県山鹿市）

みかわまんざい

たゆうと さいぞうと いう おとこのひとが おもしろおかしい やりとりを する、しょうがつの おいわいの おどりです。

（愛知県西三河地方）

みぶきょうげん

おめんを つけて、こえを ださずに みぶりだけで えんじる きょうげん（↓149ページ）。

（京都市壬生寺）

よかぐら

にほんしんわを もとに した、かぐら（↓152ページ）を よどおし おどります。

（宮崎県）

おうちのかたへ

土地の慣習や風俗、信仰と結びついて受け継がれてきた芸能を民俗芸能や郷土芸能といいます。農耕儀礼から来ているものもあり、寺や神社で豊作祈願や収穫感謝の祭事に行われ奉納されるものも多くあります。また、各地では能舞台も見られ、夏には野外でかがり火をたいて薪能《たきぎのう》を行うところもあります。

組踊りは、琉球《りゅうきゅう》の伝統的な劇です。三線《さんしん》を伴奏にせりふと歌、踊りで物語を展開します。能や狂言、歌舞伎《かぶき》、また中国の古典劇である京劇などの影響を受けていると見られます。

げいのうから うまれた ことば

にほんの げいのうの ぶたいや、やくしゃなどの ようすから うまれた ことばが あるよ。

うちあわせ

ものごとが うまく すすむように はなしあって おく こと。ががく(↓155ページ)で、ひく がっきと ふく がっきが、たいこと いきを あわせる ことから。

みえを きる

いい ところを みせようと、おおげさな ことを する こと。かぶき(↓144ページ)で、やくしゃが、みせばに なると うごきを とめて みえを きる ことから。

どんでんがえし

それまでと ようすが がらりと かわる こと。

かぶき(↓144ページ)の ぶたいの、ゆかが うしろに たおれる しかけから できた ことば。

ひのきぶたい

じぶんの ちからを みんなに みてもらう、まちにまった はれの ぶたいの こと。

ひのきと いう きで つくった のうぶたい(↓148ページ)が、りっぱで ある ことから。

⑧ にほんの わざ

からだと からだを ぶつけあう、
おすもうさんって つよいなあ。
ぼくも おすもうさんみたいに
つよくなれるかな？

すもう

りきしが ひとりずつ くみあい、しょうぶします。
どうぐは つかわない、ちからと わざの しょうぶです。

はっけ よおい
ぎょうじ
88ページ
ぐんばい
どひょう

「のこった、のこった!」
おおきな おすもうさんは ちからもちで かっこいい!
しんけんしょうぶに めが はなせなくなるね。

どひょういり
しおを まく
ちりを きる
しこを ふむ

おうちのかたへ

相撲は1500年以上も昔、イネの豊作を占う儀礼として始まったとされます。平安時代には宮中の行事となり、江戸時代には見世物として人々の娯楽となりました。もともと神事として行われていたことから、今でも、様々な作法があります。塩をまくのは土俵を清めるため、四股《しこ》を踏むのは地の邪気を踏みしずめるためです。ちりを切るとは、しゃがんで両手をすり合わせ柏手《かしわで》を打ち、左右に広げて手のひらを返す動作で、手を清め、何も持っていないことを示します。

決まり手の数は四十八手《しじゅうはって》といわれますが、実際は八十二手と勇み足やつき手など五つの勝負結果があります。

のこった のこった
りきし
まわし
さがり
きまりて（わざ）
おしだし
つきだし
うわてなげ

じゅうどう・けんどう・きゅうどう

せんしゅは みんな、
とっても しゅうちゅうして
たたかうんだね。
なんだか ぼくも
きんちょうしてきちゃった。

じゅうどう

くみあって たたかいます。
たたみの うえで おこないます。

じゅうどうぎ
おび

けんどう

ぼうぐを つけ、たけで できた
しないを つかって たたかいます。

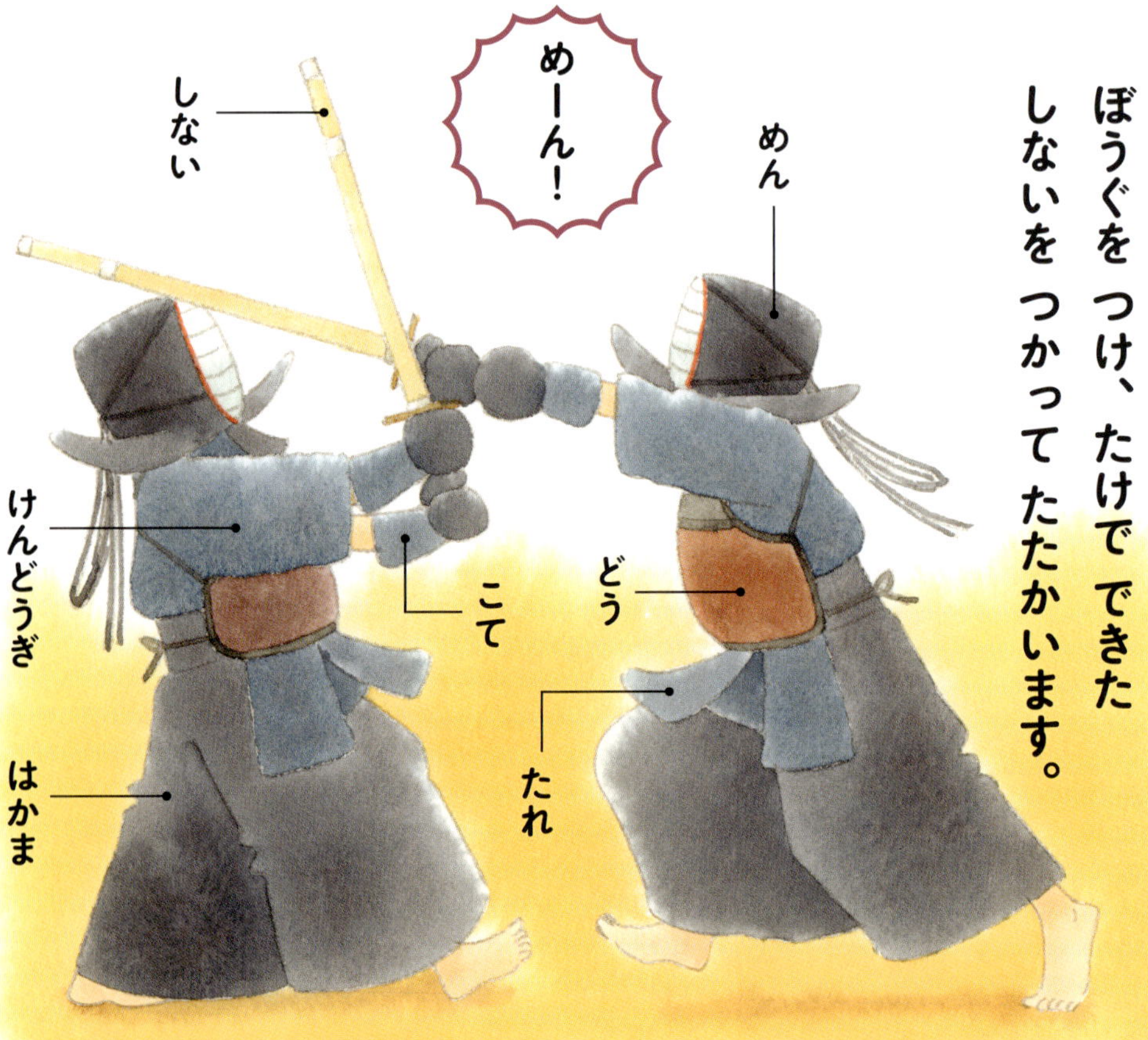

めーん!
しない
めん
けんどうぎ
こて
どう
たれ
はかま

きゅうどう

まとを めがけて、ゆみで やを とばします。

ゆみ
や
まと
まんなかに ちかいほど たかい てんすうが つきます。
むねあて
はかま
たび

れいに はじまり、れいに おわる

ばしょや せんせい、たたかう あいてに むかって れいを します。

おねがいします

じぶんの ちからや わざを たかめられる ことへの かんしゃの きもちを あらわします。

ありがとう ございました

おうちの かたへ

ここに挙げた柔道、剣道、弓道や、相撲、なぎなた、空手などを武道といいます。武士として身につけるべき技とされたもので、江戸時代までは武術や武芸とよばれていました。礼儀作法が重視され、互いに切磋琢磨《せっさたくま》することが求められます。

柔道は、1882年に嘉納治五郎《かのうじごろう》が柔術をもとに始めました。

技には投げ技、固め技、当て身技の3部門があります。剣道は武士の剣術から起こったものです。防具をつけている部分を狙い、掛け声とともに打ち合います。弓は古くは狩猟に使われ武器にもなりました。その後、弓馬が武家の代名詞となり、さらに心身鍛練を重んずる武技として発展し、弓道となりました。

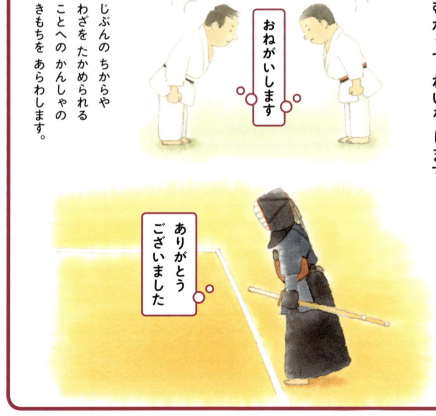

かどう・ちゃどう（さどう）

おかあさんと かどうの
たいけんに いってきたよ。
いける おはなを
えらばせてもらったの。
とってもうれしかったな。

かどう（いけばな）

きせつの
はなや くさきを
ととのえて かざり、
うつくしさを たのしみます。

かどうの どうぐ

はさみ
はなの
くきなどを
きります。

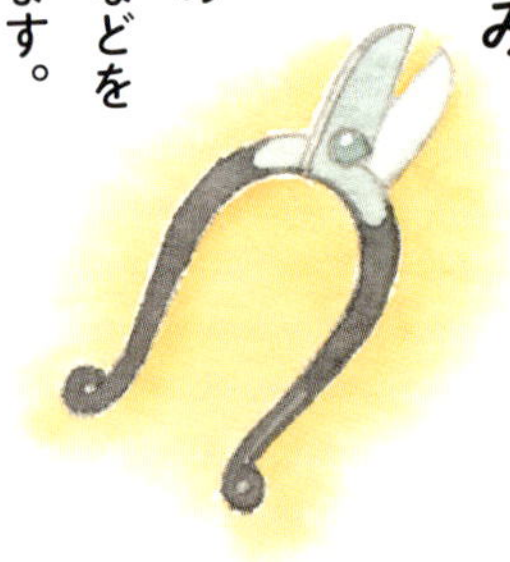

かき
はなを
いけます。

けんざん
はなを
さします。

ちゃどう（さどう）・ちゃのゆ

ひとを まねいて
まっちゃを たてます。
きまった やりかたで まっちゃや
わがしを ごちそうします。

ていしゅ
かけじく
はないれ
みずさし
かみざ
かま
わがし
ちゃせん
ちゃわん
ひしゃく
かいし
しもざ

いろいろな きまり

ちゃどうには いろいろな
きまりが あります。

まっちゃや わがしは、
かみざに
すわった ひとから
じゅんばんに
いただきます。

おさきに

おうちのかたへ

生け花の起源は仏前に供えた供花《くげ》だとされます。室町時代には床の間のある書院造りが建築様式として確立され、座敷に飾るものとして生け花が注目され発展し、華道につながる技巧が生み出されました。さらに精神的な修練の面を強め、華道（花道）といわれるようになりました。

茶の湯ともいわれる茶道《ちゃどう》は千利休《せんのりきゅう》により大成されました。茶室のつくりや床の間のしつらえ・道具・作法・考え方など、様々な要素を含んだ芸道として発達しました。一度の茶会は一生に一度と思って主人も客も誠意を尽くすべきという考えから「一期一会」という言葉がうまれたとされます。

しょどう・にほんが・はいく・たんか

ことしも がんたんには
かぞくで かきぞめを したんだ。
ふででも もじを かくのって、
いつもと ちがって おもしろいね。

しょどう

ふでに すみを つけて、
もじを かきます。

すずり
すみ
みずさし
ふで
ぶんちん
わし（➡169ページ）
などの かみ

にほんが

にほんに
むかしから
つたわる
どうぐや
かきかたで
えを かきます。

にかわ
ふで
さいぼく
いわえのぐ

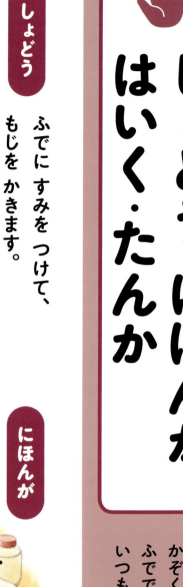

はいく

5もじ、7もじ、5もじで ひとつの
しを つくります。きせつを あらわす
ことばを いれるのが きまりです。

しずかさや
いわに しみいる せみの こえ
（まつお ばしょうの はいく）

たんか

5もじ、7もじ、5もじ、7もじ、7もじで
ひとつの うたを つくります。
たんか（わか）を 100しゅ あつめた、
「ひゃくにんいっしゅ」が ゆうめいです。

おうちのかたへ

書道は、古くに中国から伝わったとされます。仮名《かな》が生まれたことと相まって独特の文化として発展しました。日本画は古くから日本で発達してきた様式の絵画です。油絵や水彩画などの西洋画に対して日本画とよばれています。

短歌は和歌のひとつ。和歌は、中国の漢詩に対して日本の詩《しい》歌《か》のことをいいます。5音と7音を基調とし、5・7・5・7・7でつくる短歌や、5音と7音の2句を交互に3回以上繰り返し7音の句で結ぶ長歌などがあります。俳句は5・7・5を定型とし、季語を入れることを原則とします。これらは音《おん》で数えますが、このページでは子ども向けに文字の数としています。

にほんの いろいろな ものづくり

おやつを いれる、たけの かご。
ひとつ ひとつ、てで つくられて いるんだって。
たいせつに つかいたいな。

おりもの

いろの ついた いとを たてと よこに くみあわせて ぬのに した もの。

↓75ページ

きりこ

いろの ついた ガラス《がらす》を、はものや といしを つかって ほったり けずったりして もようを いれた もの。

そめもの

ぬのや いとに しょくぶつの いろを しみこませた もの。

↓75ページ

たけざいく

たけを さいたり あんだりして ざるや かごなどを つくります。ほそく けずって はしに する ことも あります。

てっき

てつを かたに ながしこんで、うつわや てつびん、かねなどを つくります。

にんぎょう

きを ほったり、つちを やいたりして つくります。かざりや、おもちゃとして つかわれます。

やきもの(とうじき)

つちや いしの こなを やいて、うつわなどを つくります。にほんの いろいろな ところで つくられています。

ぬりもの(しっき)

きや つちの おわんなどに ウルシ《うるし》と いう きの しるを ぬった もの。

はもの

あつくした てつを つちで たたいて、のこぎりや ほうちょうなどを つくります。

わし

コウゾ《こうぞ》などの しょくぶつから、1まいずつ てで すいて つくる かみ。

おうちのかたへ

日常生活に用いられる実用品としての機能性に、美的装飾性を加えて作り出すことを工芸といいます。特に伝統的に使用されてきた材料を用いて、伝統的な技術によって主に手工業で作られるものは伝統工芸とされます。日本各地で地域の特性を生かした様々な工芸品が作り出され、洗練されてきました。

機械化や都市化が進み、伝統工芸は衰退の傾向にありましたが、産業振興のための施策が講じられ、また近年、伝統文化や技術への関心が高まり、その価値が見直されつつあります。

子どもに伝えたい日本の伝統

おうちのかたへ

あいさつ
たべもの
すまいとくらし
よそおい
あそび
ぎょうじ
げいのう
わざ

この絵じてんでは、今日まで受け継がれてきて、そしてこれからも子どもたちに伝えていきたい日本の文化や生活習慣について、右の8つをテーマとして取り上げ、紹介しています。ここでは、各テーマの位置づけや補足の解説を掲載しました。

1 にほんの あいさつ

「にほんの あいさつ」では、一日の生活の中で交わす挨拶《あいさつ》、感謝や謝罪の気持ちを伝える言葉、行事や季節の挨拶を紹介しました。

挨拶には、相手を気遣い思いやる気持ちが込められています。例えば11ページで解説した「おはよう」「こんにちは」のほかに、「おやすみなさい」には、その日一日のねぎらいの意味が込められています。また、友人などの親しい相手と目上の相手とでは、挨拶の言葉や礼の仕方が異なります。

2 にほんの たべもの

「にほんの たべもの」では、日本の食事の一汁三菜という考え方、食べ方や器、道具、味つけ、様々な素材、料理法や行事食・郷土食などを幅広く紹介しています。

和食の主食となった米

和食の中心とされているのは米のご飯です。米は、栄養価の高い食材としても近年見直されています。

米は食材としての面のほか、古くは貢租《こうそ》（年《ねん》貢《ぐ》）の中心と位置づけられた時代もありました。また、農耕儀礼のような信仰を生み、地域の祭礼や芸能の発展を担った部分もあります。

歴史的には、弥生時代に水田稲作が始まったとされます。日本で米を炊いて食べられるようになるのは奈良時代からです。それ以前は主に蒸した強飯《こわめし》でした。しかし、米を食べることができたのは支配階級や上流階級のみでした。農民をはじめ庶民たちが食べたのは雑穀で、米は正月や祝い事のときだけでした。一般の人が日常的に米を食べるようになったのは、第二次世界大戦以後のことです。

季節感を重んじる、健康的な食事

日本は四方を海に囲まれ、また山地も多く、海・山・里の産物を得ることができます。しかし、現在のような保存技術がなかった時代、食糧は、自給自足または交換することで得ていました。高度経済成長期までは、農村の割合が多く、ほとんどの地域で野菜を中心とした食事が日常的なものでした。主菜のたんぱく源は川魚や鶏、また狩猟によって得た猪などで補っていました。海に近い地域では魚介や海藻類を多く食べていました。

一汁三菜を基本とした和食は、ユネスコ無形文化遺産にも登録されました。その際には、次のような特徴が認められました。

（1）多様で新鮮な食材とその持ち味の尊重
（2）健康的な食生活を支える栄養バランス
（3）自然の美しさや季節の移ろいの表現
（4）正月などの年中行事との密接な関わり

和食は米のご飯、汁物と三菜（主菜と副菜2品）を組み合わせて食べるため、栄養バランスがとりやすいといわれています。例えば、だしの旨味《うまみ》を利用することで、味つけを調整することができます。こうしたことが、肥満防止など健康維持につながると考えられています。

年中行事においても、旬の食材を食べることが大切にされ、食べ物という自然の恵みと行事が結びついた文化が受け継がれています。

このように、社会的慣習を含めた日本の食文化全般を評価するものでした。

変化した食事のスタイル

日本で現代のように家族で一つの食卓を囲むようになったのは、ちゃぶ台が浸透した明治末以降です。それ以前は、一人一つの食膳を使っていました。高度経済成長期には、畳に座って食べる形式から、椅子に座って食べるダイニングテーブルへと移行しました。

3 にほんの すまいと くらし

「にほんの すまいと くらし」では、昭和30年代前後の都市部・農村部それぞれの住居と暮らしについて紹介しています。日本の蒸し暑い夏や寒い冬を快適に過ごす、昔からの暮らしの知恵もたくさんあります。また、その土地の気候やその家の職業によって住居は様々に工夫されています。

戦前の都市部の住まいとは

明治時代に入り、日本では西洋文化を取り入れようとする動きが高まっていました。大正時代になると、都市部を中心に西洋風の住まいが建てられ始めます。玄関脇に洋風の応接間が設けられ、テーブルや椅子が置かれるようになり、ガラスのついた障子や窓が取り入れられるようになりました。また、それまでは部屋の中を通っていましたが、部屋を南北に分け、間に中廊下をつけ、廊下を通って各部屋の行き来ができるような家も多くなりました。昭和に入ってからは、アパートなどの集合住宅も多く建てられるようになりました。

上水道や下水道、ガス、電気の整備は、地域によって時期に差がありましたが、井戸から水道へ、かまどからガスへの移行、冷蔵庫や洗濯機などの電化製品の普及は、家事の負担を減らし、生活を便利にしました。

昭和30年代の農家の住まいとは

昭和30年代までは、まだ江戸・明治以来の農家が全国に数多く残っていました。農家の住まいは、茅葺《かやぶ》きの平屋で広い土間が設けられていて、ここでは農作業も行われました。囲《い》炉裏《ろり》のある板の間は、居間や食事場として使われました。土間にはかまどや流し場が設けられ炊事が行われました。この頃には水道が引かれるようになりましたが、それ以前は、外にある井戸や川の水を利用しました。

貴族のために生まれた障子や畳

本文の「いえの なか」や「のうかの いえの なか」に掲載した障子《しょうじ》・襖《ふすま》、そして畳のルーツは平安時代の寝殿造りに求められます。

寝殿造りとは、平安時代の貴族の住まいです。中央に寝殿、その東西北には対屋《たいのや》が建ち、それらを渡殿《わたどの》（外廊下）が結んでいました。建物の内部には壁がなく、柱が立っただけのがらんどうだったため、間仕切りとして当時は障子とよんでいたパネルを柱と柱の間にはめていました。これがのちに襖になります。

畳は、身分が高い人が座るところにだけ敷かれていました。身分によって縁の模様や厚さが異なり、重ねて敷くこともありました。のちに発展する書院造りの住まいでは、畳が敷き詰められるようになり、現在の和風住宅の姿につながりました。

書院造りとは、寝殿造りをもとに鎌倉・室町時代を経て発展し、成立した武家の住まいです。畳の敷かれた広間や茶室などのほか、門や玄関がありました。これは、現代の和風住宅の和室や門、玄関の原形となりました。

4 にほんの よそおい

「にほんの よそおい」では、日本古来の衣服である着物について、各部の名称や小物のことをはじめ、着物を着る行事、素材などによる使い分け、着方、歴史、また、伝統的な色や模様、衣替えの文化などを紹介しています。

今の着物の形式は江戸時代から

現在の着物の形式がほぼ完成したのは江戸時代です。階級や男女を問わず、小袖《こそで》という表着《うわぎ》が定着しました。武士は小袖の上に肩の張った肩衣《かたぎぬ》（袖のない上着）と袴《はかま》をつける裃《かみしも》姿が正装となり、町人は小袖に羽織姿が一般的になりました。女性の帯は広くなり、結び方も華やかになりました。

もとをたどると、小袖は平安時代の貴族が着ていた肌着で、袖口が広くて着やすく、また、寒暖に応じて単《ひとえ》にも袷《あわせ》の綿入れにもなりました。そのため、実用を重視する武士に採用され、小袖とよばれる表着となりました。室町時代になると袴が略されるようになり、江戸時代に今に伝わる着物として完成したのです。

儀式に伝わる衣服

82ページの十二単《じゅうにひとえ》、束帯《そくたい》、打掛《うちかけ》は、儀式のときなどに着る衣装として今に残っています。

十二単、束帯は、平安時代の貴族の正装です。何枚も着物を重ねて着る十二単では、一番上には唐衣《からぎぬ》という丈の短い上着を着ます。また、袴の上にはひだ飾りのついた裳《も》という衣服をつけて後ろに長く垂らしていました。

束帯は、石帯《せきたい》という帯で束ねることからきた名称です。上着の色は位階によって異なり、中に着る下襲《したがさね》という衣服の裾は位が高いほど長く後ろに引きずっていました。

打掛は武士の時代になり定着した女性の衣服で、小袖の上に打ち掛けて着る丈の長い小袖です。室町時代以降、武家では夏以外の季節の礼服とされていました。

5 にほんの あそび

「にほんの あそび」では、数々の伝承遊びや、自然を楽しむ遊び、季節の風物詩とされる遊びや行事について紹介しています。

行事が発展して子どもの遊びへ

遊びの中には、その起源が宮中で行われる儀式や年中行事とされているものがあります。

こまはもともと、宮中の行事の余興で演じられた見世物でしたが、やがて貴族の遊具となり、南北朝時代の頃には子どもの遊びとなりました。羽根突きは、平安時代から鎌倉時代にかけて流行した「胡鬼《こぎ》の子遊び（羽子板で羽根をついて厄《やく》を払い、子どもの健康を願う）」という厄払いの行事がもととなって生まれた遊びです。またおにごっこは、大晦日《おおみそか》に行われる「鬼追い（桃の弓、蘆《あし》の矢で鬼を追い払って災いを取り除く）」の行事に子どもが参加するようになって生まれた遊びといわれています。

学校教育に取り入れられた遊び

江戸時代までは「遊び＝子どもの楽しみ」という認識が一般的でしたが、明治時代以降になると、遊びの中に「教育性」が見出されるようになってきました。

例えば、なわとびは起源が古く、わらで縄を編むようになった頃に生まれた遊びと考えられています。それが、明治期になると「集団遊びに適している」とされ、学校教育に取り入れられるようになり、流行しました。

また折り紙は、もともと紙の人形を海や川に流して厄を払う信仰で用いられたものです。やがて、贈り物や供え物を包む実用的な細工物となり、江戸時代には折り紙に関する本も出版されるようになりました。さらに明治時代になると、「手工教材」あるいは「知恵のつく遊び」として着目され、教育に用いられるようになりました。

6 にほんの ぎょうじ

「にほんの ぎょうじ」では、子どもの成長や長寿のお祝いなど、人生の節目で行われる行事や、四季折々に行われる伝統行事を紹介しています。

子どもの成長を喜ぶ節目のお祝い

子どもの健やかな成長を願う行事には、122ページで紹介したお七夜や初宮参り、お食い初めなどがあります。生後100日目頃に行うお食い初めでは、大人と同じ一人前のお膳を用意し、子どもに食べさせるまねをします。

昔は子どもが誕生してから間もなく亡くなってしまうことも多かったため、節目節目で成長を確かめるお祝いをしました。そして、その後も健康に育つようにと神の加護を願いました。126ページで紹介した七五三や成人式も重要な通過儀礼でした。季節にまつわるものとしては、生まれて初めて迎える節供を初節供として、女の子は桃の節供、男の子は端午の節供を祝います。

一人前として迎え入れる成人の儀式

現在では、20歳になると男女ともに成人式を行い、大人の仲間入りをしますが、127ページで紹介した元服《げんぷく》のように、成人したことを示す風習は古くからありました。当時は大人として生きていくことの証しとして、名前を改める習わしもありました。

また、それぞれの社会集団のなかで、成人と見なす条件にも様々ありました。例えば、男子は四斗俵（約60キログラム）を担げる、女子は一日に一反（約991平方メートル）の草取りができるなど、ある一定の能力や、断食などのある試練を乗り越えることを求められることもありました。

やがて、男子は冠をつけず前髪を剃《そ》るだけになり、女子は鬢削《びんそ》ぎ（左右側面の髪の先を切ること）を成人の証しとするなど、大人となる儀式は、時代を経て少しずつ変化をしていきました。

7 にほんの げいのう

「にほんの げいのう」では、代表的な伝統芸能である落語、歌舞伎《かぶき》、人形浄瑠璃《にんぎょうじょうるり》、能・狂言のこと、また祭事に行われる舞や、和楽器などについて紹介しています。

今も広く知られる伝統芸能

古くから続く日本の伝統芸能には、今も多くの観客を集め、行われているものがあります。

能・狂言は室町時代に成立、600年受け継がれてきた世界でも最も長い伝統をもつ演劇です。どちらも屋根のついた能舞台を使って行われます。歌、囃子《はやし》、舞が融合した優雅で美しい能に対し、狂言はセリフとしぐさで笑いを誘うもので、能と狂言を合わせて能楽ともいいます。

歌舞伎は、江戸時代に庶民の娯楽として人気を集めた、歌と踊りと劇の総合芸術です。現在は文楽ともよばれる人形浄瑠璃も、江戸時代に大流行したものです。人形浄瑠璃の演目が歌舞伎の演目にもなるなど、互いに影響をし合って発展しました。

小規模な演芸場「寄席《よせ》」で行われる芸能も江戸時代に生まれました。寄席は、もとは「寄せ場」の略で、人を寄せる場所という意味。はじめは人の集まる屋外がその場とされていましたが、やがて小屋を使った常設の席ができました。「落ち」をつけて滑稽《こっけい》な話をする落語が寄席演芸の代表的なもので、ほかにも、講談や浪曲などが行われました。

古い起こりの舞や音楽

舞や音楽などの芸能は、能楽よりもさらに古い時代にもありました。

神楽《かぐら》は、神様をまつるために行われる舞や囃子です。古くから各地で起こり、民間で発展したものには、様々な系統があり、今に伝承されているものもあります。

散楽《さんがく》は、曲芸、手品、幻術、滑稽物真似などを含む芸能です。奈良時代に中国から日本に伝わり、その一部が、猿楽や田楽などに受け継がれました。

猿楽《さるがく》は平安、鎌倉時代に栄えた滑稽な物真似芸などを中心とした演芸です。やがて演劇の要素を強くし、能や狂言のもととなります。

田楽《でんがく》は、田植えなど農耕行事にともなって行われた歌や舞から発展した芸能です。笛、太鼓、ささらなどの囃子でにぎやかに踊ったり、散楽芸から来た曲芸などが演じられたりしました。

8 にほんの わざ

「にほんの わざ」では、相撲や柔道、剣道、弓道に代表される武道や、日本独自の美意識・精神を追求する生け花や茶道《ちゃどう》、短歌・俳句などについて紹介しています。

武道の起源と発展

柔道・剣道・弓道に代表される武道のうち、起源がもっとも古いのは弓道です。弓は古来より戦場で用いられ、鎌倉時代になると流鏑馬《やぶさめ》（馬を走らせながら矢で的を射る競技）をはじめとする競技が盛んに行われるようになりました。戦国時代に鉄砲が伝来すると、やがて武器としての価値は失われていきますが、近世には江戸と京都で通矢《とおしや》競技が広まります。

剣道は、日本刀が出現した平安時代半ば頃に武術として発展しました。江戸時代になると、実践よりも武士道（武士が身につけるべきとされる道徳）の精神や礼儀作法が重んじられるようになっていきます。柔道は、戦場で敵を組み伏せる「柔術」を起源として、明治時代に嘉納治五郎《かのうじごろう》によって始められたものです。嘉納は柔道を海外に広める活動にも努めました。その結果、柔道はオリンピックの正式種目となり、今では世界中で親しまれている武道となりました。

茶の発展

茶は、古くは禅宗の寺院で薬として飲まれていました。禅宗の僧が書いた書物の中には「茶は人間の内臓を強くし寿命をのばす仙薬」という記述が残っています。やがて鎌倉時代の終わり頃になると大名や富裕層を中心に抹茶が広まり、茶は薬から贅沢《ぜいたく》な嗜好品《しこうひん》として飲まれるようになりました。豊臣秀吉《とよとみひでよし》の時代には、民衆文化に根ざした閑寂《かんじゃく》な「わび茶」が千利休《せんのりきゅう》によって大成されます。こうして茶の湯が芸道（日本独自の精神性を重んじる芸能）として完成したことで、「茶道《ちゃどう》」ともよばれるようになりました。

せんとう・銭湯 49 56 57

そ

そう 154
そうしき・葬式 132 133
ぞうに・雑煮 36 37 135
そうめん 34 35
ぞうり・草履 72 73 76 77
そくたい・束帯 82 83 171
そつぎょうしき 71
そつじゅ・卒寿 131
そで 72 90
そでを ぬらす 90
そば **34 35**
そめ・染め 71 75 168

た

たい 63 118
だいこくばしら・大黒柱 52 53 68
だいどころ 48 50
たからぶね 63
たけうま 97
たけざいく 168
たけとんぼ・竹とんぼ 92 93
たこあげ・凧揚げ 115
だし(出汁) 24 **26** 27 34
だし・山車 136 137 138 139
たすき 75 89 90
ただいま 11
たたみ・畳 50 53 171
たな 44 51
たなから ぼたもち 44
たなばた・七夕 124 125
たび・足袋 72 73
たもと 72
たゆう・太夫 146 147
だるま・達磨 62 63
だるまさんが ころんだ・
　だるまさんが転んだ 92 93
たんか・短歌 167
たんごの せっく・端午の節句 37 125

ち

ちとせあめ・千歳飴 38 39 126
ちまき 37
ちゃだんす 51
ちゃどう・茶道 41 **165** 173
ちゃのま・茶の間 48 49 51
ちゃのゆ・茶の湯 165
ちゃぶだい・ちゃぶ台 49 50 51 170
ちゃんばら 95
中元 15
ちょうよう・重陽 125

つ

つけもの・漬け物 31
つじつまが あう 90
つづみ 154
つのかくし・角隠し 79
つる・鶴 63

て

てあそびうた **112 113**
てすり・手すり 147
てっき 168
鉄砲風呂 57
てまえみそ 44
てら・寺 132 133
テレビ 50 51
田楽 153 173
でんしゃごっこ 93
伝統芸能 155 173
伝統工芸 169
でんわ 51

と

トイレ 48 52 53 **57**
どういたしまして 12
とうじ・冬至 38 39
とうふ 31
とおりゃんせ 99
とこのま・床の間 53 165
としこしそば・年越しそば 38 135
どひょう・土俵 160 161
どま・土間 52 53 54 55
とめそで・留袖 74 75
とりい 123
どんでんがえし 158

な

ない そでは ふれない 90
ながしだい 52 54
なぞなぞ 120
なっとう・納豆 31
ななくさ・七草 36 124 125
なわとび 94 172

に

にほんが・日本画 **166** 167
にほんぶよう・日本舞踊 **153**
にわ 49 53
にんぎょう・人形 147 169
にんぎょうじょうるり・人形浄瑠璃
　146 147 173
にんぎょうつかい・人形遣い 146 147

ぬ

ぬりえ 103
ぬりもの 169

ね

ねんがじょう・年賀状 15 135

の

のう・能 **148 149 150** 151 153 157 173
のうか・農家 **52-55** 171
のうぶたい・能舞台 148 158 173
のうめん 150
のし・熨斗 63
のり 31

は

はいく・俳句 **167**
はおり・羽織 72 73 74 75 77 79 171
はか・墓 132 133
はかま・袴 72 74 75 76 77 79 83 151 171
はかまいり 133
袴着 77 127
はくじゅ・白寿 131
はこせこ・箱迫 73 76 77
はし・箸 20 21
はじめまして 14
はっぴ 77
はつみやまいり・初宮参り 122 123 172
はつもうで・初詣 123 134 135
はないちもんめ 98 99
はなしか・噺家 142 143
はなび・花火 **116 117**
はなみち・花道 145
はなむこ 129
はなよめ 129
はなより だんご 44
はねつき・羽根突き 114 115 172
はもの 169
はやくちことば 120
囃子 149 153 155
はれぎ・晴れ着 71 74 85
はれの ひ・ハレの日 70 71
はんえり・半衿 72 73
はんてん・半纏 60 61

ひ

ひがん・彼岸 38 39 133 140
ひしもち・ひし餅 37
ひたたれ 82
ひちりき 154
単 87
ひなまつり 37 124
ひのきぶたい 158
ひばち・火鉢 60 61
ひふ 76
ひゃくじゅ 131
ひゃくにんいっしゅ 167
びわ 154

ふ

ふうりん 58
ふきもどし 119
ふくさい・副菜 18 19 21 **30 31**
ふくわらい・福笑い 114 115
ぶけやしき・武家屋敷 49 66 67
ふすま・襖 48 51 53 171
ぶつぞう 132
ぶつだん・仏壇 133
武道 163 173
ふなや 67
ふりそで・振袖 74 75 76 77 78
ふろ・風呂 52 53 **56 57**
ふんどし・褌 73
ぶんらく・文楽 **146 147** 173

へ

べいじゅ・米寿 131
へこおび 77 80 81
へそが ちゃを わかす 44
べんとう・弁当 39

ほ

ほうじちゃ・ほうじ茶 40 41
保存食 31
ぼん・盆 133 140
ぼんと しょうがつが いっしょに きたよう
　140

ま

まち・町 **46-51**
まちや・町屋 67
まっちゃ 40 165
まつり・祭り
　77 **136 137** 138 139 140 152
まつりの あとの しずけさ 140
まねきねこ・招き猫 62 63
ままごと 95
まりつき 96

み

みえを きる・見得を切る 145 158
みこ 89 123 129
みこし・神輿 136 137 138 139
みずがめ・水がめ 54 55
みずまき・水まき 58 59
みそ **24 25**
みそしる・みそ汁 **24** 25
民俗芸能 153 157
みんよう・民謡 155

む

むかえび 133

め

めくり 143
めんこ 96 97

も

裳着 79 127
もも くり さんねん かき はちねん 44
ももの せっく・桃の節句 37 124
もよう・模様 63 85
もん・紋 74 75 79
もんつき はおり はかま 79

や

やきもの 169

ゆ

ゆか 146
ゆかた・浴衣 77 **80 81**
ゆたんぽ・湯たんぽ 61

よ

よい おとしを 14
ようかい・妖怪 **64 65**
寄席 143 173
よろい 82

ら

ラーメン 35
らくご・落語 **142 143** 173
らくごか・落語家 142 143
ラジオ 51

り

りきし 160
りゅうてき 154
りょくちゃ 40

れ

れい・礼 13 134 163
れいぞうこ・冷蔵庫 50 51

わ

わか・和歌 167
わがし・和菓子 41 165
和楽器 155
ワキ 148
わざ **159-169** 173
わし・和紙 109 169
和食 17-31 170
和服 69-90
わらじ 77
わらべうた **98 99** 155

さくいん

あ

あいさつ・挨拶 **9-16** 170
あげまく 144 149
あけまして おめでとうございます 14
あそび・遊び **91-120** 172
あつさ さむさも ひがんまで 140
アド 149
あとの まつり 140
あやとり **106 107**
ありがとう 11 12 16 163
袷 87
あんか・行火 61

い

いけばな・生け花 **164** 165
いご・囲碁 **105**
いしべいの いえ・石塀の家 67
いただきます 13 18
いたど 53
いたのま・板の間 50 52 53 55
いたべい・板塀 49
一汁三菜 19 170
いちねんの けいは がんたんに あり 140
いっかの だいこくばしら 68
いってきます 10
いってらっしゃい 10
いど・井戸 52 53 55 57
イネ 22 23
いらっしゃい 11
いろ・色 63 **84** 85
いろり・囲炉裏 52 53 55 61

う

初冠 79
うちあわせ 158
うちかけ・打掛 79 82 83 171
打ち水 59
うちわ 59
うつわ・器 21
うどん **34** 35
うまとび 93
旨味 27 31
うめぼし 31

え

えかきうた・絵描き歌 **110** 111
干支 131
えに かいた もち 44
えぼし・烏帽子 88 89 127
えり・衿 72 73 81 90
えりを ただす 90
えんがわ・縁側 49 53 68
えんぎもの **62 63** 118
えんの したの ちからもち 68

お

おうぎ・扇 63 150
おおそうじ 135
おおみそか・大晦日 38 39 135
おかえりなさい 11
おくいぞめ・お食い初め 123 172
おくりび 133
おしいれ 53
おじぎ 13
おしちや・お七夜 122 123 172
おじゃましました 11
おじゃまします 11
おせちりょうり 36 135
おちゃ・お茶 **40** 41 89
おちゃらかほい 113
おてだま・お手玉 103
おとしだま 135
おとそ 135
おにぎり 39
おにごっこ 93 172
おねがいします 163
おばけ **64 65**
おはじき 102 103
おはよう 10 11
おび・帯 72 73 76 77 78 79 81 90 171
おびあげ・帯揚げ 72 73
おひさしぶりです 14
おびじめ・帯締め 72 73
おひつ 51
帯解 77 127
おびに みじかし たすきに ながし 90
おぼうさん 88 89 132
おまいり・お参り 132 133 134 135
おめでとう 12
おもて・面 150 151
おやすみ 11
おやつ **41**
おり・織り 71 75 168
おりがみ・折り紙 **108 109** 172

か

かいけん・懐剣 73 76 77
かいし・懐紙 73 165
ががく・雅楽 **155** 158
かがみいた 148
かがみもち・鏡餅 135
かぐら・神楽 137 **152** 153 157 173
かくれんぼ 95
かげえ・影絵 **111**
かごめかごめ 99
かしわもち・柏餅 37
がっしょうづくり 66
かっぽうぎ 75
かどう・華道 **164** 165
かどまつ・門松 135
かとりせんこう・蚊取り線香 59
かぶき・歌舞伎
137 139 **144 145** 153 155 157 158 173
かべに みみ あり しょうじに め あり 68
かまど 52 53 54 55
かみあげ・髪上 79 127
髪置 77 127
かみがたらくご 143
裃 83 171
かみふうせん・紙風船 103
かめ・亀 63 85
かや・蚊帳 59 68
かやの そと 68
かやぶきやね・茅葺き屋根 53
かりぎぬ・狩衣 88 89
かるた 115
かわらやね 49
かんざし 73
かんぬし 88 122 123 129
乾物 31
かんむり 82
かんれき・還暦 130 131

き

きくの せっく 125
きじゅ・喜寿 130 131
吉祥文様 79 85
きまりて・決まり手 161
きもの・着物 **69-90** 171
きゅうどう・弓道 **163** 173
きょうげん・狂言 **148 149 151** 157 173
ぎょうじ・行司 88 89 160
ぎょうじ・行事
36-39 52 76-79 **121-140** 172
行事食 37 63
ぎょうずい・行水 58 59
郷土玩具 119
郷土芸能 157
郷土料理 43
きりこ 168

く

くまで・熊手 62 63
くまどり 144
くみおどり・組踊り 156 157
くらし **45-68** 171
くろご 88 146

け

げいのう・芸能 **141-158** 173
げた・下駄 73
けっこんしき・結婚式 71 **79 128 129**
げんかん・玄関 48 49
けんけんぱ 96 97
けんだま・剣玉 102 103
けんどう・剣道 **162 163** 173
げんぷく・元服 79 127

こ

更衣 87
こうけん 148 149
ごえもんぶろ・五右衛門風呂 53 56 57
こき・古稀 130 131
こけし 119
こそで・小袖 83 171
こたつ 60 61
ごちそうさま 13
こづち 63
こと 154
ことしも よろしく おねがいします 14
こどものひ 37 125
ごはん・ご飯 18 19 21 **22 23** 170
こまいぬ・狛犬 123
こま 114 115 172
ゴムとび・ゴム跳び 97
こめ・米 **22 23** 24 41 170
ごめんなさい 12
ころもがえ・衣替え **86 87**
こんにちは 11
こんにゃく 31
こんばんは 11

さ

さどう 165
ざぶとん 50 142
さようなら 11
猿楽 149 153 173
散楽 149 173
さんじゅ・傘寿 131
ざんしょみまい・残暑見舞い 15
さんもん 132

し

しきい 48 52 68
しきいが たかい 68
ししまい・獅子舞 **152 153**
しぜんの おもちゃ **100 101**
しちごさん・七五三
38 39 70 73 **76** 77 **126** 127
しちふくじん 63
しちりん・七輪 54 55
しっき 169
シテ 148 149 151
しのぶえ 154
しめかざり・しめ飾り 135
しめだいこ 154
しめなわ・しめ縄 123
しゃくはち 154
しゃみせん・三味線 146 147 154
じゃんけん 93
じゅうごや・十五夜 38 39
じゅうどう・柔道 **162** 163 173
じゅうにひとえ・十二単 82 83 171
しゅさい・主菜 18 19 **28 29** 30 31 170
主食 23 34 170
じゅばん・襦袢 73 81
しゅん・旬 **32 33**
書院造り 165 171
しょう 154
しょうがつ・正月
36 70 **114 115 135** 140 152
しょうぎ・将棋 **104 105**
上巳 125
しょうじ・障子 48 51 68 111 171
しょうじんりょうり・精進料理 43
しょうぞく・装束 73 88 89 151
しょうゆ **27**
しょくじ・食事 13 **17-44** 51 55
しょちゅうみまい・暑中見舞い 15
しょどう・書道 **166** 167
じょやの かね 135
しりとり 120
しるもの・汁物 18 19 21 25
しろむく・白無垢 79
人日 37 125
じんじゃ・神社 122 123 128 134 135
寝殿造り 171
しんねん・新年 14 15 134 135
じんべい 77

す

ずいずい ずっころばし 112 113
すごろく・双六 103
すそ 72
すだれ 58 59
すまい **45-68** 171
すもう・相撲 88 137 **160 161**

せ

せいじんしき・成人式 71 78 79 127 172
歳暮 15
せっく・節供(句) **124 125**
せった・雪駄 73 76 77
せつぶん 37
せんす・扇子 73 76 77 79 142 143
せんちゃ・煎茶 40 41

監修
生活史研究所

生活史・家具道具室内意匠史研究、および、文化財建造物の調査・活用・展示・企画・運営、これらに関する講演、授業などを行う。所長は小泉和子（昭和のくらし博物館館長）。著書に『昭和のくらし博物館』『ちゃぶ台の昭和』『昭和のキモノ』（河出書房新社）などがある。研究部長は玉井哲雄（千葉大学名誉教授工学博士）。著書に『図説 日本建築の歴史』（河出書房新社）などがある。

こども にほんのでんとう絵じてん
2016年4月30日　初版発行

装丁 ———— 大薮胤美（フレーズ）
本文デザイン —— 尾崎利佳（フレーズ）
表紙立体制作 —— Kucci
イラスト ———— 磯村仁穂、猪熊祐子、かとうともこ、斉藤みお、ジャンボ・KAME、田沢春美、竜田麻衣、冬野いちこ、光安知子
撮影 ———— 上林行徳
校正 ———— 村井みちよ、山本雅幸
編集協力 ———— 漆原泉
編集・制作 ———— 株式会社 童夢

参考文献
『衣服の歴史 美しい日本の服装の原点をさぐる』ポプラ社／『国史大辞典』吉川弘文館／『三省堂 年中行事事典 改訂版』三省堂／『三省堂 例解小学ことわざ辞典 新装版』三省堂／『写真ものがたり 昭和の暮らし全10巻』農村漁村文化協会／『食事と住居』中央公論社／『新明解語源辞典』三省堂／『大辞林 第三版』三省堂／『伝統芸能』ポプラ社／『日本人の暮らし大発見 日本の伝統をもっとよく知ろう4 伝統芸能』学習研究社／『日本大百科全書』小学館／『日本風俗史事典』弘文堂／『年中行事』ポプラ社／『服装の歴史』中央公論社／『昔のくらし』ポプラ社

こども にほんのでんとう絵じてん
2016年4月30日　第1刷発行

監　修	生活史研究所
編　者	三省堂編修所
発行者	株式会社三省堂　代表者 北口克彦
発行所	株式会社三省堂
	〒101-8371 東京都千代田区三崎町二丁目22番14号
	電話　編集（03）3230-9411　営業（03）3230-9412
	振替口座　00160-5-54300
	http://www.sanseido.co.jp/
印刷所	三省堂印刷株式会社

落丁本・乱丁本はお取り替えいたします。
ISBN 978-4-385-14312-5〈でんとう絵じてん・176pp.〉